BRINKMANN · HOW TO AVOID MISTAKES

Diesterwegs neusprachliche Arbeitsmittel

Aids to Modern English

How to Avoid Mistakes

Ein Lernbuch für die Oberstufe

Aussprache · Schreibung · Wortwahl · Grammatik

Von

HANS BRINKMANN

VERLAG MORITZ DIESTERWEG

Frankfurt am Main

Übungen zu HOW TO AVOID MISTAKES:

PRACTISE AVOIDING MISTAKES
A Practice Book for Advanced Learners
By Hans Brinkmann
Part I: Pronunciation and Spelling (MD-Nr. 4121)
Part II: Choice of Words (Homophones, Synonyms, Prepositions, etc.) (MD-Nr. 4122)
Part III: Forms and Structures (Grammar) (MD-Nr. 4123)

Für die Sekundarstufe I:
AVOIDING MISTAKES
A Practice Book for Intermediate Learners
By Hans Brinkmann and Oliver Gray
(MD-Nr. 4401)

Genehmigt für den Gebrauch in Schulen.
Genehmigungsdaten teilt der Verlag auf Anfrage mit.

ISBN 3-425-04101-0

7. Auflage

Druck: Wiesbadener Graphische Betriebe, Wiesbaden
Gesetzt aus Monophoto-Garamond
Bindearbeiten: C. Fikentscher, Darmstadt

INHALT

III. WORTWAHL

IV. GRAMMATIK

VORWORT

HOW TO AVOID MISTAKES soll ein auf die Bedürfnisse des Schülers zugeschnittenes echtes Lernbuch sein, das alle Gebiete der englischen Sprache, die auch in der Oberstufe noch Quelle häufiger Fehler sind, umfaßt, sich dabei aber auf das Notwendige und wenigstens annähernd Erlernbare beschränkt. Der Verfasser will damit einem Mangel abhelfen, der ihm in langjährigem Oberstufenunterricht immer wieder deutlich geworden ist.

Brauchbare Einzeldarstellungen verschiedener Themen sind zwar vorhanden, sie sind aber zu umfangreich und außerdem, da die Anschaffung mehrerer Bücher erforderlich ist, zu teuer. Die üblichen Grammatikbücher müssen die Wortarten und deren Gebrauch in aller Breite behandeln, ohne für den Lernenden typische Schwierigkeiten besonders herausstellen zu können; Aussprache und Schreibung werden zumeist nur kurz angeführt, die Wortwahl mit der so wichtigen Synonymik kann in dem begrenzten Rahmen überhaupt keine Beachtung finden. Auch die für einige Gebiete angebotenen Übungsbücher können zwar zur Festigung der Kenntnisse gute Dienste leisten, lassen aber eine systematische Darstellung des Lernstoffes vermissen. In dem Bemühen, diese Lücke auszufüllen und damit häufig wiederkehrende Fehler vermeiden zu helfen, ist aus einer Reihe von Versuchen mit vervielfältigten Blättern, die vor allem die Vermittlung der Homonyme, Synonyme und Präpositionen fördern sollten, dieses Buch entstanden.

Eine der wichtigsten Fragen bei der Bearbeitung eines jeden Abschnittes war immer erneut die nach der *Begrenzung des Umfangs*. Hier bot sich das im gleichen Verlag erschienene Arbeitswörterbuch von Alfred Haase, das den englischen Wortschatz in 6 Wertigkeitsstufen einteilt, als Hilfe an. Haases Feststellung, „daß die ersten 4 Stufen (1.–4. Tausend) dieses Wörterbuches – je nach Schwierigkeitsgrad der untersuchten Texte – 93 bis 97% des gebrauchten Wortschatzes ausmachen“ (S. 9), konnte als Grundlage für die Auswahl dienen, in der Erwartung, daß die Aufnahme einer fest umrissenen und verhältnismäßig geringen Zahl von Wörtern die Grenzen des Lernbaren nicht überschreitet, andererseits aber der so hohe Anteil dieser Wörter am praktisch gebrauchten Wortschatz auch den größten Teil häufiger Fehler erfaßt.

Gegeben war damit aber nur ein die Auswahl im allgemeinen leitender Gesichtspunkt, der keinesfalls immer verbindlich sein konnte. Die Erweiterung des Wortschatzes nach oben auf seltenere, bei Haase in Stufe 5 eingereihte und gelegentlich sogar noch darüber hinausgehende Wörter, die durchaus zum Sprachbereich eines Oberstufenschülers gehören, war unumgänglich. Andererseits mußte von den unteren Wertigkeitsstufen manches, was längst zum festen Besitz eines Mittelstufenschülers gehören sollte, ausgelassen werden. Welche Problematik darin liegt, erkennt jeder Fachkollege, der weiß, wie viele Fehler gerade in dem scheinbar so Selbstverständlichen noch gemacht werden. Bei der Ausarbeitung einiger Abschnitte, vor allem bei den Beispielen und Regeln zur Grammatik, konnte das genannte Wertigkeitswörterbuch keine Hilfe leisten; hier bilden Erfahrungen aus der Korrektur von Klassen- und Abiturarbeiten die Grundlage.

Trying to please everybody ist ein Bemühen, das von vornherein erfolglos bleiben muß. So wird auch in diesem Buch mancher etwas vermissen, ein anderer einiges für überflüssig halten. Dem Lernenden, der sich einem Berg neuen oder zu wiederholenden Stoffes gegenübersieht, sei noch gesagt, daß die genaue Kenntnis und aktive Beherrschung des Inhalts zwar das erstrebenswerte Ideal ist, daß aber auch die teilweise Aneignung den um ständige Erweiterung seiner Kenntnisse Bemühten dem erwünschten Erfolg näherbringen kann.

Neben dem Umfang ist bei einem Lernbuch die *Art und Weise der Darstellung* besonders zu berücksichtigen. Wichtigstes Prinzip muß auch hier wieder die Frage sein, wie dem Lernenden die beste Hilfe für den praktischen Sprachgebrauch gegeben werden kann. Rein theoretische oder formale Gesichtspunkte, wie z. B. die Unterscheidung von echten und unechten Synonymen, blieben daher unbeachtet, da sie für die Unterrichtspraxis ohne Bedeutung sind. Auch Regeln wurden nur gegeben, wo sie als zweckdienlich erschienen; einige wurden im Hinblick auf die wichtigste Fehlerquelle vereinfacht, selten zu verwendende Ausnahmen wurden fortgelassen. Im übrigen steht das konkrete Beispiel oder das zur besseren Einprägung in einen Zusammenhang eingeordnete Wort im Vordergrund. Auf eine übersichtliche Anordnung und klare Gruppierung des Stoffes wurde größter Wert gelegt, um dem Lernenden die Aneignung zu erleichtern.

Im einzelnen sind für die verschiedenen Teile des Inhalts noch folgende Überlegungen erwähnenswert. Für die Aussprache werden, abgesehen von einigen allgemein gehaltenen Hinweisen, vor allem deshalb keine Regeln gegeben, weil deren Wert zu oft durch eine große Zahl wichtiger Ausnahmen beeinträchtigt wird. Es erscheint wenig sinnvoll, das Gedächtnis des Schülers mit meistens komplizierten und sich gegenseitig störenden Gesetzen und Ausnahmen auf einem Gebiet zu belasten, wo er gewohnt ist, durch wiederholtes Hören und Imitieren des fremdsprachlichen Wortes zu lernen. Wenn im vorliegenden Buch versucht wird, dem akustischen Gedächtnis eine visuelle Stütze zu geben, so bleibt doch der Bezug auf das konkrete Einzelwort erhalten. Der Einprägung der richtigen Aussprache dient die Zuordnung des Wortes zu einer Gruppe gleichartiger Wörter, bei der Betonung außerdem die Kennzeichnung des betonten Vokals durch Fettdruck, der einem Akzentzeichen vor, auf oder hinter der betonten Silbe vorgezogen wurde. Auf eine Behandlung der schwebenden Betonung mußte verzichtet werden, da eine eingehende Darstellung den Rahmen dieses Lernbuches überschritten hätte, wenige Hinweise und Beispiele aber wohl kaum von Nutzen sein können. Fehler in der Betonung von Zusammensetzungen und Wortgruppen sind sicher unschön, aber doch nicht so gravierend wie ein oft zur Unverständlichkeit führender falscher Hauptton auf einem Einzelwort.

Bei den beiden ersten Teilen dieses Buches war zu bedenken, ob den zu lernenden englischen Wörtern die *deutsche Bedeutung* beigegeben werden sollte. Das ist in vielen Fällen sicher unnötig, sofern das betreffende Wort zum festen Wortschatz eines Oberstufenschülers gehört. Wenn aber eine Erklärung bei zahlreichen anderen Wörtern erforderlich oder bei ebensovielen anderen zumindest wünschenswert ist, kann nur zugunsten einer durchgehenden Hinzufügung des deutschen Wortes entschieden werden, zumal dem Lernenden dadurch die Möglichkeit einer Wortschatzwiederholung oder -erweiterung geboten wird. Im Teil ‚Wortwahl' ist die deutsche Übersetzung unerläßlich und zugleich die einfachste und prägnanteste Form der Worterklärung; im Grammatik-Teil ermöglicht sie einen Vergleich der verschiedenen Ausdrucksweisen der beiden Sprachen und macht damit die Schwierigkeiten deutlicher bewußt. Überall tritt aber die Übersetzung durch schwächere Druckfarbe hinter dem englischen Wort oder Satz zurück.

Eine bis zum Schluß der Bearbeitung offene und mit vielen Fachkollegen erörterte Frage war die, ob der verbindende Text und die Regeln auf Englisch abgefaßt werden sollten. Da durch die Notwendigkeit, deutsche Worterklärungen zu geben, das Prinzip der Einsprachigkeit ohnehin durchbrochen wird, wurde in Übereinstimmung mit den meisten Grammatiken und offenbar auch dem Wunsch der Mehrzahl der Fachlehrer (wie eine Umfrage des Verlages ergab) bei einem Hilfsbuch dieser Art, das auch schwächeren Schülern ohne ständige Unterweisung durch den Lehrer ein schnelles und sicheres Erfassen ermöglichen soll, der Erklärung in der Muttersprache der Vorzug gegeben.

Besonderheiten des *amerikanischen Englisch* (abgekürzt ‚Am.') werden nicht in Form von Listen oder Übersichten zusammengefaßt, sondern jeweils an den betreffenden Stellen, wie z. B. Konsonantenverdoppelung, Bindestrich, Synonyme (ill-sick), angemerkt.

Das Buch ist in erster Linie für die *Oberstufe des Gymnasiums* bestimmt; es kann aber auch dem Schüler der Mittelstufe zur systematischen Erarbeitung und dem Studenten zur Festigung und Wiederholung des Erlernten eine Hilfe sein.

I.

AUSSPRACHE

Im neuzeitlichen Fremdsprachenunterricht wird dem mündlichen Ausdruck größte Bedeutung beigemessen; die Aneignung einer richtigen Aussprache ist daher für den Lernenden dringend erforderlich. Im folgenden werden wichtige Wörter, die möglicherweise falsch ausgesprochen werden, zu Gruppen gleicher Betonung oder Lautung zusammengestellt, um auf diese Weise die Einprägung einer fehlerfreien und lautreinen Aussprache zu ermöglichen. Es empfiehlt sich, die den Gruppen vorangestellten Akzentmuster und Beispielwörter genau zu beachten und danach die folgenden Wörter möglichst oft *laut* zu lesen, damit die richtige Betonung und Lautung allmählich zum festen Besitz wird.
Innerhalb der Gruppen werden Wörter gleicher Schreibung zusammengeordnet; dadurch soll in erster Linie das Lernen der angeführten Wörter erleichtert werden. Die Schlußfolgerung, daß auch andere hier nicht einbezogene, seltenere Wörter derselben Aussprache folgen, ist nicht immer gerechtfertigt. Wenn ein Wort mehrere Fehlerquellen in sich birgt, wird die Lautschrift entweder ganz oder zum Teil, im Hinblick auf den häufigsten Fehler, hinzugefügt. Die deutsche Worterklärung soll helfen, falsche Vorstellungen eines englischen Wortes zu vermeiden oder auch die Aneignung eines noch unbekannten Wortes ermöglichen.

A. Wortbetonung

Bei vielen Wörtern ist die Aussprache vor allem vom Akzent abhängig. Wenn man weiß, welche Silbe den Ton trägt, wird man meistens auch das ganze Wort richtig sprechen können.

1. Anfangsbetonung

Die Betonung der *ersten* Silbe, die bei germanischen Wörtern üblich ist, hat sich auch bei vielen Lehnwörtern romanischen Ursprungs durchgesetzt. Die meisten der folgenden *zweisilbigen* Substantive und Adjektive lassen sich mit einem ähnlich klingenden deutschen Wort übersetzen, das sich aber in seiner Betonung von der englischen Entsprechung unterscheidet. Das gleiche gilt für die in § 8 angeführten Substantive.

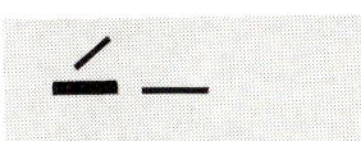

I

Substantive:

access	Zugang, Zutritt
agent ['eɪdʒənt]	Agent
altar ['ɔːltə]	Altar
April ['eɪprəl]	April
artist	Künstler
aspect [æ]	Anblick, Aussehen
prospect [ɒ]	Aussicht, Ansicht
August ['ɔːgəst]	August (Monat)
balance	Gleichgewicht
to ~	im ~ sein, halten
substance [ʌ]	Substanz, Stoff
banquet ['bæŋkwɪt]	Festmahl
closet ['klɒzɪt]	kleine Kammer, Wandschrank
colleague ['kɒliːg]	Kollege
combat [ɒ]	Kampf
to ~	kämpfen
comfort ['kʌmfət]	Trost, Bequemlichkeit
to ~	trösten

comment [ɒ]	Erläuterung, Anmerkung
to ~	erläutern
patent [eɪ, Am. æ]	Patent
talent [æ]	Talent, Begabung
commerce [ɒ]	Handel
comrade [ˈkɒmr(e)ɪd]	Kamerad
concept [ɒ]	Gedanke, Auffassung
concert [ɒ]	Konzert
congress [ɒ]	Kongress
contact [ɒ]	Berührung, Verbindung
costume [ˈkɒstjuːm]	Kostüm
creature [ˈkriːtʃə]	Geschöpf
figure [ˈfɪgə]	Gestalt, Ziffer
future [ˈfjuːtʃə]	Zukunft
sculpture [ʌ]	Bildhauerkunst, ~arbeit
credit	Glaube, Ansehen
to ~	trauen, glauben
critic	Kritiker
decade [ˈdekeɪd]	Jahrzehnt
depot [ˈdepəʊ, Am. ˈdiː~]	Lager, Depot
despot	Gewaltherrscher
detail [ˈdiːteɪl, Am. -ˈ-]	Einzelheit
district	Bezirk
doctrine [ˈdɒktrɪn]	Lehre, Grundsatz
famine [ˈfæmɪn]	Hungersnot
medicine [ˈmedsn]	Medizin, Arznei
effort [ˈefət]	Anstrengung, Mühe
epoch [ˈiːpɒk, Am. ˈepək]	Epoche
essence	Wesen, Essenz
licence [aɪ]	Erlaubnis
to license	genehmigen, zulassen
sentence	Satz, Urteil
to ~	verurteilen
exile [ˈegzaɪl]	Verbannung
to ~	verbannen
expert	Fachmann, erfahren
fountain [ˈfaʊntɪn]	Quelle, Springbrunnen
fragment	Bruchstück
gallop	Galopp
to ~	galoppieren
garage [ˈgærɑːʒ, ˈgærɪdʒ, Am. gəˈrɑːʒ]	Garage

image [ˈɪmɪdʒ]	Bild(nis), Vorstellung
to ~	abbilden
impulse [ˈɪmpʌls]	Anstoß, Antrieb
insect	Insekt
instinct	Instinkt
interest [ˈɪntrəst]	Interesse
to ~	interessieren
jacket [dʒ]	Jacke
legend [ˈledʒənd]	Legende, Sage
madam	gnädige Frau
menace [ˈmenəs]	Drohung
to ~	(be)drohen
palace [ˈpælɪs]	Palast
terrace [ˈterəs]	Terrasse
preface [ˈprefɪs]	Vorrede, Vorwort
surface [ˈsɜːfɪs]	Oberfläche
mischief [ˈmɪstʃɪf]	Unheil
mischievous	unheilvoll
monarch [ˈmɒnək]	Monarch
motive [əʊ]	Beweggrund
obstacle	Hindernis
odour [ˈəʊdə]	Geruch
orange [ˈɒrɪndʒ]	Apfelsine
organ [ˈɔːgən]	Organ, Orgel
patron [eɪ]	Schutzherr, Kunde
season	Jahreszeit
sermon [ɜː]	Predigt
petrol	Benzin
placard [ˈplækɑːd]	Plakat
portrait [ˈpɔːtrɪt]	Bild(nis)
process [əʊ, Am. ɒ]	Verlauf, Verfahren
product [ˈprɒdʌkt]	Erzeugnis
profit [ɒ]	Gewinn, Nutzen
to ~	Nutzen ziehen, nützen
program(me) [əʊ]	Programm
pronoun [ˈprəʊnaʊn]	Pronomen
proverb [ɒ]	Sprichwort
province [ɒ]	Provinz
purchase [ˈpɜːtʃəs]	Kauf
to ~	kaufen
purpose [ˈpɜːpəs]	Zweck, Absicht
refuge [ˈrefjuːdʒ]	Zuflucht
rival [aɪ]	Nebenbuhler
scandal	Ärgernis, Skandal
signal	Signal
to ~	signalisieren
salad	Salat

secret ['si:krət]	Geheimnis, geheim	trespass ['trespəs]	Vergehen, Übertretung
senate ['senət]	Senat	to ∼	übertreten
senator	Senator	tribute [ɪ]	Zins, Tribut
sovereign ['sɒvrɪn]	Herrscher; souverän	triumph ['traɪəmf]	Sieg, Triumph
traverse ['trævɜ:s]	Querstück, Durchgang	to ∼	triumphieren
to ∼	durchqueren		

Adjektive:

amiable ['eɪmɪəbl]	liebenswürdig	legal ['li:gl]	gesetzlich
brilliant	glänzend	vital [aɪ]	lebenswichtig, -kräftig
constant [ɒ]	beständig, unaufhörlich		
		private ['praɪvɪt]	privat
vacant ['veɪkənt]	leer, unbesetzt	solemn ['sɒləm]	feierlich
civil	bürgerlich, Bürger-	solid [ɒ]	fest, dauerhaft
decent ['di:snt]	anständig	stupid [ju:]	dumm
dismal [z]	trüb(selig), schaurig	vulgar ['vʌlgə]	gewöhnlich, gemein

Zweisilbige *Verben* sind i. allg. keine Fehlerquelle. Merke aber:

to destine ['destɪn]	bestimmen, ausersehen für

Auch bei *dreisilbigen* Wörtern ist die Anfangsbetonung vorherrschend. *Vier- und mehrsilbige* betonen meist die drittletzte Silbe, aber auch unter ihnen haben etliche den Ton auf der *ersten.* Der Gefahr falscher Betonung unterliegen besonders

´— — — (—) 2

Substantive:

admiral ['∼mə∼]	Admiral	atmosphere	Atmosphäre
agitator [dʒ]	Aufwiegler, Hetzredner	attitude ['ætɪtju:d]	Haltung, Stellung
		gratitude	Dankbarkeit
ancestor ['∼sɪ∼]	Vorfahr	multitude [ʌ]	Menge
orator ['ɒrətə]	Redner	automobile ['ɔ:təməbi:l, Am. ---´]	Automobil
agony ['ægənɪ]	Qual, Seelenpein		
amateur ['æmətə]	Amateur	avarice ['ævərɪs]	Geiz, Habsucht
		prejudice ['predʒədɪs]	Vorurteil
appetite ['æpətaɪt]	Verlangen, Appetit	benefit	Wohltat, Nutzen
architect ['ɑ:kɪtekt]	Architekt	to ∼	nützen, Nutzen ziehen
dialect [aɪ]	Dialekt		
intellect	Verstand	*aber:* beneficent [bɪ'nefɪsnt]	wohltätig
article	Artikel, Gegenstand		
miracle ['mɪrəkl]	Wunder	cabinet	Kabinett
vehicle ['vi:ɪkl]	Fahrzeug	calendar	Kalender

catalogue ['kætəlɒg]	Katalog
dialogue ['daɪəlɒg]	Dialog
monologue ['mɒnəlɒg]	Monolog
Catholic	Katholik, katholisch
aber: Catholicism	Katholizismus
character	Charakter
compliment	Kompliment
element	Element
monument	Monument
parliament ['pɑːləmənt]	Parlament
regiment [dʒ]	Regiment
compromise	Kompromiß
consonant	Konsonant
cucumber ['kjuːkʌmbə]	Gurke
discipline ['dɪsəplɪn]	Disziplin
emphasis ['emfəsɪs]	Nachdruck
episode ['epɪsəʊd]	Episode
exercise	Übung
to ∼	üben, sich üben
interval	Zwischenraum
interview	Unterredung, Befragung
to ∼	ausfragen
literature ['lɪtrətʃə]	Literatur
signature ['sɪgnətʃə]	Unterschrift
temperature ['temprətʃə]	Temperatur
massacre ['mæsəkə]	Blutbad
minister	Minister; Geistlicher
register [dʒ]	Verzeichnis
nominative ['nɒmɪnətɪv]	Nominativ
opposite ['ɒpəzɪt]	Gegenteil, gegenüber(liegend)
orchestra ['ɔːkɪstrə]	Orchester
participle	Partizip
patriot [eɪ, Am. æ]	Patriot
politics	Politik
president	Präsident
privilege ['prɪvəlɪdʒ]	Vorrecht
Protestantism	Protestantismus
recipe ['resəpɪ]	Rezept (Koch)
sacrifice ['sækrɪfaɪs]	Opfer
to ∼	opfern
sepulchre ['seplkə]	Grab
substitute [ʌ]	Ersatz, Stellvertreter
to ∼	an die Stelle setzen
telegram	Telegramm
television [ʒ]	Fernsehen
universe ['juːnɪvɜːs]	Weltall
vegetables ['vedʒtəblz]	Gemüse
violet ['vaɪələt]	Veilchen, violett

Außerdem etliche *Substantive mit der Endung -y:*

accuracy [kjə]	Genauigkeit
delicacy	Feinheit, Empfindlichkeit
intimacy	Vertraulichkeit
obstinacy	Hartnäckigkeit
adversary	Gegner
dictionary ['dɪkʃnrɪ] Am. ['dɪkʃəˌnerɪ]	Wörterbuch
secretary ['sekrətrɪ] Am. ['sekrəˌterɪ]	Sekretär(in)
cemetery [semətrɪ, Am. ∼ˌterɪ]	Friedhof
monastery ['mɒnəstrɪ]	Kloster
casualty ['kæʒʊəltɪ]	Unfall, Pl. Verluste
difficulty	Schwierigkeit
controversy	Streitfrage
melancholy ['melənkəlɪ, Am. ∼ kɒlɪ]	Schwermut; schwermütig
testimony	Zeugnis, Beweis
tendency	Richtung, Neigung

Adjektive:

absolute ['æbsəluːt]	unbedingt, unabhängig
accurate ['ækjərət]	genau, richtig
delicate ['delɪkət]	zart, fein
desperate ['desprət]	verzweifelt, verwegen
intimate ['ɪntɪmət]	vertraut
obstinate ['ɒbstɪnət]	hartnäckig
eminent	hervorragend
evident	augenscheinlich
impudent [pjʊ]	unverschämt
insolent [sə]	unverschämt

permanent	dauernd, beständig	necessary	notwendig
prominent	hervorragend	ordinary	gewöhnlich
subsequent [ʌ]	folgend	solitary	einsam, einzeln
tolerant	duldsam	voluntary	freiwillig
infamous ['ɪnfəməs]	berüchtigt, schändlich	narrative	erzählend, Erzählung
infinite	unendlich, ungeheuer	negative	verneinend, Verneinung
manifest	offenbar, deutlich	relative	sich beziehend, bezüglich; Verwandte(r)
to ~	offenbaren		
military	militärisch	spiritual	geistig, geistlich

Bei folgenden Adjektiven weicht die Betonung von der des entsprechenden Verbs oder Substantivs ab:

admirable ['ædmərəbl] (to admire)	bewundernswert	preferable (to prefer)	vorzuziehen(d)
comparable (to compare)	vergleichbar	reputable [pjʊ] (repute)	angesehen, ehrbar
lamentable (to lament)	beklagenswert, kläglich		

Verben:

to agitate ['ædʒɪteɪt]	auf-, erregen	to indicate	(an)zeigen
to calculate [kjʊ]	(be)rechnen	to isolate ['aɪsə~]	isolieren, absondern
to contemplate	betrachten, nachsinnen	to regulate [gjʊ]	regeln, ordnen
to demonstrate	demonstrieren, beweisen	to constitute [tju:]	errichten, zusammensetzen
to educate [djʊ]	erziehen, unterrichten	to institute [tju:]	einrichten, einsetzen
to illustrate ['ɪlə~]	illustrieren, erläutern	to execute [kju:]	ausführen; hinrichten

2. Betonung einer Mittelsilbe

Von *dreisilbigen* Wörtern, die die *mittlere* Silbe betonen, sind merkenswert die

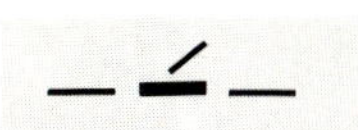

3

Substantive:

cathedral [kə'θi:drəl]	Dom, Kathedrale	misfortune	Unglück
committee [kə'mɪtɪ]	Komitee, Ausschuß	museum [mju:'zɪəm]	Museum
companion [kəm'pænɪən]	Begleiter	opponent [ə'pəʊ~]	Gegner
		republic [ʌ]	Republik
horizon [hə'raɪzn]	Horizont	spectator	Zuschauer
idea [aɪ'diə]	Idee, Gedanke	subjunctive [səb'dʒʌŋktɪv]	Konjunktiv
ideal	ideal		
lieutenant [lef'tenənt]; [(navy) le'te~]; [(Am.) lu:'te~]	Leutnant		

Adjektive und Adverbien:

ab**u**ndant [ʌ]	reich(lich)	app**a**rent	offenbar, anscheinend
alr**ea**dy	schon	ent**i**re [ɪn'taɪə]	ganz, vollständig

ebenso die meisten *Zusammensetzungen mit im~ (in~) und un~*, wenn das Grundwort Anfangsbetonung hat:

imm**o**ral	unsittlich	impr**u**dent	unklug
imp**a**tient	ungeduldig	ind**i**gnant	entrüstet
imp**er**fect	unvollkommen	unc**er**tain	ungewiß
imp**o**rtant	wichtig	unc**o**nscious	unbewußt
imp**o**ssible	unmöglich	und viele andere.	

Verben:

to ab**a**ndon	aufgeben, verlassen	to dep**o**sit [ɒ]	hin-, ab-, hinterlegen
to ab**o**lish [ɒ]	abschaffen, aufheben	to det**er**mine [dɪ'tɜːmɪn]	beschließen, s. entschließen
to acc**o**mplish	vollenden, ausführen	to ex**a**mine [ɪg'zæmɪn]	prüfen
to dim**i**nish [ɪ]	(sich) vermindern, abnehmen	to dev**e**lop	(sich) entwickeln
to attr**i**bute [ə'trɪbjuːt]	zuschreiben, beimessen	to end**ea**vour [ɪn'devə]	sich bemühen
to contr**i**bute	beitragen, mitwirken	to int**er**pret [ɪn'tɜːprɪt]	auslegen, dolmetschen
to distr**i**bute	verteilen		

Bei *vier- und mehrsilbigen* Wörtern herrscht die Betonung der *drittletzten* Silbe vor.

4 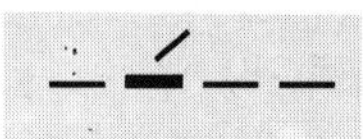

Substantive und Adjektive:

ac**a**demy	Akademie	imp**e**rative	befehlend; Befehlsform
acc**u**sative [ə'kjuːzətɪv]	Akkusativ	ind**i**cative	anzeigend; Indikativ
aff**i**rmative	bejahend	inf**i**nitive	Infinitiv, Nennform
alt**er**native	Alternative	pred**i**cative	aussagend, prädikativ
attr**i**butive	beifügend, attributiv	repres**e**ntative	vertretend, bezeichnend; Vertreter
comp**a**rative	vergleichend, verhältnismäßig	sup**er**lative [suː'pɜːlətɪv]	hervorragend; Superlativ
cons**er**vative	konservativ; Konservativer	*aber:*	
dem**o**nstrative	hinweisend, zeigend	**i**llustrative ['ɪləstrətɪv, Am. ɪ'lʌstrətɪv]	erläuternd
ex**e**cutive [ɪg'zekjʊtɪv]	vollziehend(e Gewalt)		

analysis	Zerlegung, Analyse	thermometer [ɒ]	Thermometer
apostrophe [ə'pɒstrəfɪ]	Auslassungszeichen, Apostroph	elementary	elementar, einfach
		parliamentary	parlamentarisch
catastrophe [kə'tæstrəfɪ]	Unglück, Katastrophe	enthusiasm [ɪn'θju:zɪæzm]	Begeisterung
aristocracy	Aristokratie	extravagant	übertrieben, verschwenderisch
democracy	Demokratie		
supremacy [sə'preməsɪ]	Oberhoheit, Vorherrschaft	monopoly [mə'nɒpəlɪ]	Alleinbesitz, Monopol
		monotonous [mə'nɒtənəs]	eintönig, monoton
arithmetic	Rechnen		
certificate [sə'tɪfɪkət]	Zeugnis, Bescheinigung	ridiculous [rɪ'dɪkjʊləs]	lächerlich
		superfluous [su:'pɜ:flʊəs]	überflüssig
diameter [daɪ'æmɪtə]	Durchmesser	philosophy [fɪ'lɒsəfɪ]	Philosophie
speedometer [ɒ]	Geschwindigkeitsmesser	theology [θɪ'ɒlədʒɪ]	Theologie

Die folgenden Wörter betonen die *viertletzte* Silbe:

 5

accompaniment [ʌ]	Begleitung	laboratory [ɒ]	Laboratorium
constituency [kən'stɪtʃʊənsɪ]	Wahlbezirk, Wählerschaft	*auch, bes. Am.* laboratory	
imaginative [dʒ]	phantasiereich, schöpferisch		

3. Endbetonung

Abgesehen von zahlreichen *zweisilbigen* Verben, die aber i. allg. keinen Anlaß zu Fehlern geben und zu denen auch die in § 8 angeführten gehören, sind englische Wörter mit dem Ton auf der Endsilbe verhältnismäßig selten. Es handelt sich zum Teil um romanische Lehnwörter, die sich nicht der germanischen Anfangsbetonung angepaßt haben.

 6

Substantive und Verben:

accord	Übereinstimmung, Abkommen	address	Anschrift, Anrede
		to ~	richten an, anreden
to ~	übereinstimmen	princess	Prinzessin
account	Bericht, Rechnung, Grund	*aber:* Princess Margaret	
		success	Erfolg
to ~ for	Rechenschaft ablegen über	advice [s]	Rat(schlag)
		to advise [z]	(an)raten

aff**air**	Angelegenheit
ass**ent**	Zustimmung
to ~	zustimmen
ball**oo**n [u:]	Ballon
block**ade** [eɪ]	Blockade
crus**ade** [~ˈseɪd]	Kreuzzug
par**ade** [eɪ]	Parade
camp**aign** [~ˈpeɪn]	Feldzug
can**al**	(künstl.) Kanal
can**oe** [kəˈnu:]	Kanu, Paddelboot
car**eer** [~ˈrɪə]	Laufbahn, Karriere
coll**apse** [æ]	Zusammenbruch
to ~	zusammenbrechen
conc**ern** [kənˈsɜ:n]	Angelegenheit, Interesse
to ~	betreffen, angehen, interessieren
to disp**u**te [~ˈpju:t]	streiten
aber: dispute	(Wort)Streit
eff**ect**	Wirkung, Folge, Ergebnis
to ~	bewirken
fat**i**gue [fəˈti:g]	Ermüdung
hot**el** [həʊˈtel]	Hotel
Ju**ly** [dʒu:ˈlaɪ]	Juli
mach**i**ne [məˈʃi:n]	Maschine
mank**ind**	Menschheit
to mispr**int**	verdrucken
aber: m**is**print	Druckfehler
mist**ake**	Fehler
to ~	mißverstehen
to misl**ead**	irreführen; verleiten
moust**ache** [məˈstɑ:ʃ]	Schnurrbart
pap**a** [pəˈpɑ:]	Papa
mam(m)**a** [məˈmɑ:]	Mama
pol**ice** [pəˈli:s]	Polizei
prest**ige** [~ˈsti:ʒ]	Ansehen
rev**iew** [rɪˈvju:]	Durchsicht, Rückschau
to ~	durchsehen, besichtigen
techn**i**que [tekˈni:k]	Technik, Kunst der Ausführung

Adjektive:

abs**urd** [əbˈsɜ:d]	unsinnig
ant**i**que [ænˈti:k]	antik, alt
compl**e**te [kəmˈpli:t]	vollständig
to ~	vervollständigen
conc**i**se [kənˈsaɪs]	kurz, knapp
prec**i**se	genau, bestimmt
cont**ent**	zufrieden
to ~	zufriedenstellen
dir**ect** [dɪˈrekt, daɪˈrekt]	gerade
to ~	richten, lenken
dist**inct**	deutlich, getrennt
extr**e**me [i:]	äußerst, höchst
imm**ense**	unermeßlich, ungeheuer
int**ense**	angespannt, stark
mat**u**re [məˈtjʊə, məˈtʃʊə]	reif

Merke ferner:

alth**ough** [əʊ]	obgleich
unl**ess**	wenn nicht, außer wenn

Dreisilbige Wörter mit Endbetonung:

7 — — ´▬

cigar**ette**	Zigarette
employ**ee** [ˌemplɔɪˈi:]	Arbeitnehmer
guarant**ee** [ˌgærənˈti:]	Gewähr, Bürgschaft
to ~	gewährleisten
refug**ee** [ˌrefju:ˈdʒi:]	Flüchtling
engin**eer** [ˌendʒɪˈnɪə]	Ingenieur
pion**eer** [ˌpaɪəˈnɪə]	Pionier
viol**in** [ˌvaɪəˈlɪn]	Geige

to ascertain [ˌæsəˈteɪn]	ermitteln, feststellen	to introduce [ˌɪntrəˈdjuːs]	einführen, vorstellen
to entertain	unterhalten		

Außerdem zahlreiche weitere Verben, bei denen das Stammwort Endbetonung und die Vorsilbe nur einen Nebenakzent hat:

to disagree, disappear, disappoint, disconnect, disobey, disregard, recollect, represent, etc.
(*oft schwebende Betonung bei* disconnect, disobey, disregard)

4. Verschiedene Betonung gleich geschriebener Wörter

Die bei germanischen Wörtern übliche Unterscheidung von Substantiven oder Adjektiven (**U**nterschied, Mi**ß**trauen) von Verben (untersch**ei**den, mißtr**au**en) hat sich im Englischen auch auf viele Wörter romanischen Ursprungs ausgedehnt. Die folgende Liste enthält Wörter *gleicher Schreibung*, die *verschiedenen Wortarten* angehören und deshalb verschieden betont werden. Weitere Wörter gleicher Schreibung, aber verschiedener Lautung und Bedeutung stehen in § 75 (Homographs). 8

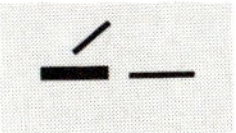

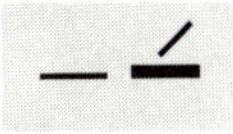

Substantive und Adjektive:		*Verben:*	
absent	abwesend	to absent o.s.	s. entfernen, fernhalten von
abstract	abstrakt	to abstract	abziehen, ablenken
accent	Betonung	to accent	betonen
ally [ˈælaɪ]	Verbündeter	to ally [əˈlaɪ]	(sich) verbünden
the Allies	die Verbündeten		
attribute	Merkmal, Eigenschaft	to attribute	zuschreiben, beimessen
compound	Zusammensetzung, zusammengesetzt	to compound	zusammensetzen
conduct	Leitung	to conduct	leiten
conflict	Kampf, Streit	to conflict	kämpfen, in Widerspruch stehen
contest	Streit, Wettkampf	to contest	streiten, streitig machen
contract	Vertrag	to contract	(sich) zus. ziehen, Vertrag abschließen
contrast	Gegensatz	to contrast	Gegensatz bilden, sich abheben von
convert	Bekehrter	to convert	umwandeln
converse	Umkehrung, umgekehrt; (Gespräch)	to converse [s]	sich unterhalten
convict	Sträfling	to convict	überführen, schuldig erklären

decrease ['di:kri:s]	Abnahme	to decrease [di:'kri:s]	abnehmen, sich vermindern
increase ['ɪnkri:s]	Zunahme, Vermehrung	to increase [ɪn'kri:s]	zunehmen, wachsen; (sich) vermehren
desert ['dezət]	Wüste; öde, wüst	to desert [dɪ'zɜ:t]	verlassen; im Stich lassen
digest ['daɪdʒest]	Sammlung, Übersicht	to digest [d(a)ɪ'dʒest]	verdauen; ordnen, einteilen
escort	Geleit	to escort	geleiten
essay	Versuch, kurzer Aufsatz	to essay	versuchen
exploit	Heldentat	to exploit	ausbeuten, ausnutzen
export	Ausfuhr	to export	ausführen, exportieren
import	Einfuhr	to import	einführen, importieren
transport	Transport, Verkehr	to transport	transportieren
extract	Extrakt, Auszug	to extract	(her)ausziehen
frequent	häufig	to frequent	häufig besuchen
insult	Beleidigung	to insult	beleidigen
object	Gegenstand, Ziel	to object	einwenden, dagegen sein
project [ɒ]	Projekt, Plan	to project	entwerfen, planen
subject	Gegenstand, Thema, Untertan; unterworfen, ausgesetzt	to subject	unterwerfen, (sich) aussetzen
overflow	Überflutung, Überfluß	to overflow	überfließen
perfect	vollkommen	to perfect	vollenden
perfume ['pɜ:fju:m]	Wohlgeruch	to perfume	parfümieren
permit	Erlaubnis(schein)	to permit	erlauben
present	1. Geschenk 2. Gegenwart, anwesend	to present	(dar)bieten, (be)schenken
produce [ɒ]	Erzeugnis	to produce	erzeugen
progress [əʊ]	Fortschritt(e)	to progress [prə'gres]	fortschreiten, vorankommen
protest [əʊ]	Protest, Einspruch	to protest [prə'test]	protestieren
rebel	Aufständischer, Rebell	to rebel	sich empören, rebellieren
record	Bericht, Schallplatte	to record	berichten
refuse ['refju:s]	Abfall	to refuse [z]	verweigern, sich weigern
survey ['sɜ:veɪ]	Überblick	to survey	überblicken
suspect [ʌ]	Verdächtiger, verdächtig	to suspect [sə'spekt]	verdächtigen, argwöhnen
torment	Qual	to torment	quälen
transfer [æ]	Übertragung	to transfer	übertragen

5. Verschiedene Betonung stammverwandter Wörter

Endungen legen den Akzent auf eine bestimmte Silbe fest, so daß die Betonung oft von der des Grundwortes abweicht. Folgende häufig gebrauchte Wörter verdienen besondere Beachtung: 9

Ton auf der ersten Silbe	*Ton auf anderen Silben*	
		Adjektive auf -ic(al):
d**e**mocrat [de] Demokrat	dem**o**cracy [dɪ] Demokratie	democr**a**tic [de] demokratisch
ph**o**tograph [ˈfəʊtəgrɑːf] Lichtbild; photographieren	phot**o**graphy - Photographie phot**o**grapher - Photograph [fəˈtɒgrəfə]	photogr**a**phic [fəʊtəˈgræfɪk] photographisch
atom Atom		at**o**mic (bomb) Atom(bombe)
ch**a**racter Charakter		character**i**stic charakteristisch
	ec**o**nomy Wirtschaft	econ**o**mic - wirtschaftlich econ**o**mical - sparsam
h**i**story Geschichte		hist**o**rical geschichtlich
p**o**litics Politik		pol**i**tical politisch
		Adjektive auf -al:
c**o**mmerce Handel		comm**e**rcial [∼ʃl] Handels-
industry [ˈ∼də∼] Industrie	ind**u**strious [∼ˈdʌ∼] fleißig	ind**u**strial [∼ˈdʌ∼] industriell
origin [ˈɒrədʒɪn] Ursprung	origin**a**lity [dʒ] Ursprünglichkeit	or**i**ginal [dʒ] ursprünglich
		Adjektive auf -ous:
c**e**remony [ˈserəmənɪ, Am. ∼məʊnɪ] Feierlichkeit	cerem**o**nial [əʊ] feierlich	cerem**o**nious [əʊ] steif, umständlich
c**ou**rage [ˈkʌrɪdʒ, Am. ˈkɜː∼] Mut		cour**a**geous [kəˈreɪdʒəs] mutig
injury [ˈɪndʒərɪ] Schädigung, Kränkung to **i**njure [ˈɪndʒə] verletzen, beleidigen		inj**u**rious [ɪnˈdʒʊərɪəs] schädlich, ungerecht
	adv**a**ntage [ədˈvɑːntɪdʒ] Vorteil	advant**a**geous [ˌædvənˈteɪdʒəs] vorteilhaft

		Adjektive auf -tive:
comparable vergleichbar	to compare - vergleichen comparison - Vergleich	comparative vergleichend, verhältnismäßig
competent tüchtig; zuständig	to compete [kəm'pi:t] in Wettbewerb treten	competitive [pe] wetteifernd competitor [pe] Mitbewerber
to alternate ['ɔ:ltəneɪt] abwechseln	alternation Abwechslung	alternative [ɔ:l'tɜ:nətɪv] alternativ, Alternative alternate [ɔ:l'tɜ:nət] abwechselnd
to demonstrate zeigen, beweisen	demonstration Beweis, Vorführung	demonstrative hinweisend, überzeugend
to execute ['eksɪkju:t] ausführen, hinrichten	execution [eksɪ'kju:ʃn] Ausführung, Hinrichtung	executive [ɪg'zekjʊtɪv] vollziehend(e Gewalt), ausübend

Unveränderte Betonung:

legislative ['ledʒɪslətɪv, Am. ~leɪtɪv] gesetzgebend(e Gewalt)	administrative administrativ, Verwaltungs-
to legislate ['ledʒɪsleɪt] Gesetze geben	to administer Regierungsgeschäfte ausüben, verwalten
legislator [dʒ] Gesetzgeber	administrator Verwalter
legislature [dʒ] Gesetzgebung, gesetzgebende Gewalt	
aber: legislation [dʒ] Gesetzgebung, gegebenes Gesetz	*aber:* administration Verwaltung

Substantive auf -ance, -ence:

conference	Besprechung, Beratung	to confer	beratschlagen, etw. übertragen
preference	Vorzug, Vorliebe	to prefer	vorziehen
preferable	vorzuziehen(d)		
reference	Beziehung	to refer	s. beziehen auf
maintenance ['meɪn~]	Erhaltung, Behauptung	to maintain [meɪn'teɪn]	erhalten, behaupten
sustenance ['sʌs~]	Lebensunterhalt	to sustain [sə'steɪn]	unterstützen, erhalten
excellence	Vortrefflichkeit	to excel	übertreffen
excellent	vortrefflich		
ignorance	Unwissenheit	to ignore	nicht wissen, nicht beachten
ignorant	unwissend		

Andere stammverwandte Wörter:

to **ad**vertise ['ædvətaɪz]	bekanntmachen, anzeigen, inserieren	ad**ve**rtisement [əd'vɜ:tɪsmənt] *Am. auch* [ˌædvər'taɪzmənt]	Anzeige, Inserat
envelope [əʊ]	Briefumschlag	to en**ve**lop [ɒ]	einhüllen

B. Laute und ihre Schreibung

Im 15. Jahrhundert bestand in der englischen Sprache zwischen Lautung und Schreibung noch weitgehende Übereinstimmung; man sprach z. B. ['nɑ:mɛ] und schrieb ‚name'. Als dann gegen Ende des Jahrhunderts der Druck aufkam – William Caxton eröffnete 1476 in Westminster die erste englische Druckerei – wurde die Schreibung festgelegt und blieb bis heute im wesentlichen auf dem Stand des ausgehenden Mittelalters. Die englische Aussprache aber wurde, im Gegensatz zur deutschen, gerade in der Neuzeit bei vielen Lauten entscheidend verändert (z. B. zur Zeit Shakespeares [nɛ:m], heute [neim]), so daß eine tiefe Kluft zwischen Aussprache und Schreibung entstanden ist und ein und derselbe Buchstabe oft auf verschiedene Weise gesprochen wird.

Im folgenden werden Wörter gleicher Lautung, deren richtige Aussprache ein Schüler der Oberstufe kennen sollte, unter einem Beispielwort gruppiert, wobei Gemeinsamkeiten der Schreibung zusätzlich in runden Klammern angemerkt werden. Wie bei der Betonung kann auch hier nur häufiges *lautes* Lesen die Einprägung ermöglichen.

1. Vokale

[i:] see 10

betont:

(e)	decent ['di:snt]	anständig		species ['spi:ʃi:z]	Art, Sorte
	demon	Dämon		veto ['vi:təʊ]	Veto
	detail ['di:teɪl, Am. -'-]	Einzelheit		to compete	wetteifern
	epoch ['i:pɒk, Am. 'epək]	Epoche		to appreciate [ə'pri:ʃɪeɪt]	(hoch)schätzen, würdigen
	equal ['i:kwəl]	gleich		medieval [medɪ'i:vl]	mittelalterlich
	to ~	gleichkommen		key [ki:]	Schlüssel
	genius ['dʒi:nɪəs]	Geist, Genie, Begabung		quay [ki:]	Kai
	fever ['fi:və]	Fieber	(ea)	cheat [tʃ]	Betrüger,
	lever ['li:və, Am. 'levər]	Hebel		to ~	betrügen
	legal [g]	gesetzlich		creature ['kri:tʃə]	Geschöpf
	legion [dʒ]	Legion		heathen [ð]	Heide, heidnisch
	prefix	Vorsilbe		bead	(Glas-)Perle
	previous	vorhergehend		to plead	bitten, plädieren

(ee) employee	Arbeitnehmer	machine	Maschine
guarantee [gæ]	Gewähr	magazine	Lagerhaus; Zeitschrift
to ∼	gewährleisten		
refugee [ˌrefjʊˈdʒiː]	Flüchtling	marine	Marine...; Seesoldat
(ei) ceiling	Zimmerdecke		
to conceive	sich denken, begreifen	police	Polizei
to deceive	täuschen	prestige [ʒ]	Ansehen
to receive	empfangen	(ie) niece [niːs]	Nichte
to seize	ergreifen, packen	priest	Priester
(i) antique [ænˈtiːk]	antik, alt	siege [siːdʒ]	Belagerung
technique [tekˈniːk]	Technik, Kunst der Ausführung	to besiege	belagern
unique [juːˈniːk]	einzig(artig)	to yield	gewähren, nachgeben
fatigue [fəˈtiːg]	Ermüdung		

unbetont:

automobile [ˈɔːtəməbiːl, Am. ---ˊ]	Automobil	colleague [ˈkɒliːg]	Kollege
		series [ˈsɪəriːz]	Reihe, Serie

11 [ɪ] big

betont:

(e) pretty	hübsch; ziemlich	linen	Leinwand, Wäsche
(ee) breeches	Reithosen		
(i) idiom [ˈɪdɪəm]	Spracheigentümlichkeit	vinegar [ˈvɪnɪgə]	Essig
		wilderness	Wildnis
to kindle	anzünden	(u) busy	beschäftigt
kindred	Verwandtschaft, verwandt	business [ˈbɪznəs]	Geschäft

unbetont:

forehead [ˈfɒrɪd]	Stirn	discipline	Disziplin
recipe [ˈresəpɪ]	(Koch-)Rezept	doctrine	Lehre, Grundsatz
(ey) alley	Gasse, Durchgang	famine	Hungersnot
chimney	Schornstein	genuine [ˈdʒenjʊɪn]	echt, wahr
(ie) handkerchief [ˈhæŋkətʃɪf]	Taschentuch	(eign) foreign [ˈfɒrɪn, ∼ rən]	fremd
		sovereign [ˈsɒvrɪn]	Herrscher; souverän
mischief	Unheil	(eon) pigeon [ˈpɪdʒɪn]	Taube
(ain) bargain	Handel, Kauf	(ace) menace (*auch* [∼nəs])	Drohung
fountain	Quelle, Springbrunnen	to ∼	(be)drohen
		necklace (*auch* [∼ləs])	Halskette
(ine) to destine [ˈdestɪn]	ausersehen (für)	preface	Vorrede, Vorwort
to determine [diˈtɜːmin]	beschließen, s. entschließen	surface	Oberfläche

(uce) lettuce ['letɪs]	Kopfsalat
(ise) treatise ['∼tɪz, Am. ∼s]	Abhandlung
(uit) biscuit ['bɪskɪt]	Keks
circuit ['sɜːkɪt]	Kreislauf, Stromkreis
(ed) accursed [ə'kɜːsɪd]	verflucht
aged ['eɪdʒɪd]	bejahrt
blessed ['blesɪd]	gesegnet
learned ['lɜːnɪd]	gelehrt
naked ['neɪkɪd]	nackt
ragged ['rægɪd]	zerlumpt
rugged ['rʌgɪd]	rauh, uneben
wicked ['wɪkɪd]	böse
wretched ['retʃɪd]	elend, niederträchtig
(day) Monday ['mʌndɪ]	Montag
Friday ['fraɪdɪ]	Freitag
(und alle anderen Wochentage)	
holiday ['hɒlədɪ, Am. ∼deɪ]	Feiertag, pl. Ferien

[e] bed 12

betont:

(he) ate [et; Am. eɪt]	(er) aß (von 'to eat')
(e) ceremony ['serəmənɪ, Am. ∼məʊnɪ]	Feierlichkeit
discretion	Besonnenheit; Belieben
lemon	Zitrone
to levy	(Steuern) erheben, (Truppen) ausheben
precious ['preʃəs]	kostbar
(ea) breast	Brust
breath	Atem(zug)
deaf	taub
lead	Blei
to spread	(sich) aus-, verbreiten
thread	Faden
tread, to ∼	Tritt, treten
realm	Reich
sweat, to ∼	Schweiß, schwitzen
threat	Drohung
to threaten	drohen
breakfast	Frühstück
cleanly	reinlich (Adj.)
cleanliness	Reinlichkeit
to endeavour	sich bemühen
weapon	Waffe
peasant	Bauer, bäuerlich
treachery [tʃ]	Verräterei, Treulosigkeit
treacherous	verräterisch
jealous [dʒ]	eifersüchtig
zealous	eifrig, begierig
(ei) leisure ['leʒə]	Muße
(eo) leopard ['lepəd]	Leopard
(u) to bury	begraben

[æ] hat 13

betont:

(a) alcohol	Alkohol
alphabet	Alphabet
anger ['æŋgə]	Ärger, Zorn
ant	Ameise
(he) bade	(er) gebot (von 'to bid')
(he) forbade (Am. [eɪ])	(er) verbot (von 'to forbid')

to cancel	(durch)streichen, aufheben
cancer	Krebs (med.; astron.)
drastic	drastisch
plastic	plastisch; Plastik
sarcastic [sɑ:'kæstɪk]	sarkastisch
glacier ['glæsɪə, Am. 'gleɪʃər]	Gletscher
gravel	Kies
(to) hazard ['hæzəd]	Wagnis; wagen
alas [ə'læs]	ach! oh weh!
mass	1. Masse; 2. Messe
masculine	maskulin
panel	Fach, (Holz-) Füllung
to pant	keuchen
ration	Ration
to ~	rationieren
talent	Talent, Begabung

14 [ɑ:] ask (Am. [æ:] oder [æ] vor f, n, s, th)

betont:

moustache [mə'stɑ:ʃ] Am. mustache ['mʌstæʃ]	Schnurrbart
promenade (Am. [eɪ])	Promenade
to ~	spazierengehen
(as) blast	Windstoß, kalter Hauch
brass	Messing
caste [kɑ:st]	Kaste
clasp	(Um)Klammer(ung)
to ~	umfassen, umklammern
gasp	Keuchen
to ~	keuchen
grasp	Griff
to ~	ergreifen
mask	Maske
to ~	maskieren
nasty	schmutzig, garstig
passport	Reisepaß
pasture ['pɑ:stʃə]	Weide(land)
rascal ['rɑ:skəl]	Schurke
vase [vɑ:z, Am. veɪs]	Vase
(al) alms [ɑ:mz]	Almosen
palm	flache Hand; Palme
(an) chancellor ['tʃɑ:n~]	Kanzler
grant	Bewilligung,
to ~	bewilligen, zugeben
ranch (Am. [æ])	Viehfarm
slander	Verleumdung
to ~	verleumden
slant	schief; Neigung
to ~	s. neigen
shan't	shall not
(au) aunt	Tante
draught [drɑ:ft]	Zug(luft)
(ear) heart	Herz
hearth	Herd
(er) clerk [klɑ:k, Am. klɜ:rk]	Büroangestellter, Buchhalter
sergeant ['sɑ:dʒənt]	Polizeimeister; Feldwebel

unbetont:

avalanche ['ævəlɑ:nʃ]	Lawine

[ɒ] hot 15

betont:

(o)	cloth	Tuch
	copy	Abschrift
	to ∼	abschreiben
	cost, to ∼	Kosten; kosten
	frost	Frost
	hostel	Herberge
	posture [ˈpɒstʃə]	Stellung, Haltung
	model	Modell
	product [ˈprɒdʌkt]	Erzeugnis
	project	Plan, Projekt
	knowledge [ˈnɒ ∼]	Kenntnis(se), Wissen
(ol)	colony	Kolonie
	column	Säule, (Druck-)Spalte
(om)	comedy	Komödie
	comment	Erläuterung
	common	gewöhnlich, allgemein
	Commonwealth	(Staatenbund)
	comrade (*auch* [ʌ])	Kamerad
	to accomplish (*auch* [ʌ])	vollenden, ausführen
(on)	concert	Konzert
	congress	Kongreß
	conscience	Gewissen
	conscious	bewußt
	donkey	Esel
	nonsense	Unsinn
	tongs	Zange
(ov)	to hover	schweben
	poverty	Armut
	sovereign [ˈsɒvrɪn]	Herrscher; souverän
(ou)	cough, to ∼ [kɒf]	Husten; husten
	trough [trɒf]	Trog
(a)	yacht, to ∼ [jɒt]	Yacht (segeln)
(au)	cauliflower	Blumenkohl
	sausage [ˈsɒsɪdʒ]	Wurst
(qua)	equality	Gleichheit
	quantity	Menge, großer Teil
	squadron [ˈskwɒ ∼]	Schwadron
(wa)	swallow	Schwalbe
	to swallow	(ver)schlingen
	swamp	Sumpf
	swan	Schwan
	wallet	Brieftasche
	to wander	umherschweifen
	wasp	Wespe
	wrath [rɒθ, Am ræθ]	Zorn

unbetont:

catalogue [ˈkætəlɒg]	Katalog
dialogue [ˈdaɪəlɒg]	Dialog
monologue [ˈmɒnəlɒg]	Monolog
despot	Gewaltherrscher

[ɔː] saw 16

betont:

(ou)	to pour [pɔː]	gießen, sich ergießen
(oa)	coarse [kɔːs]	grob, rauh
	hoarse	heiser, rauh
	oar [ɔː]	Ruder, Riemen
	roar, to ∼	Gebrüll, brüllen
	uproar	Aufruhr
	to soar	schweben, sich erheben

(au) to applaud	klatschen, Beifall spenden	vault	Gewölbe
applause [z]	Beifall	(augh) haughty	hochmütig
pause [z]	Pause	naughty	ungezogen
to ∼	eine Pause machen	(al) altar	Altar
automobile ['ɔːtəməbiːl, Am.–––ˊ]	Automobil	bald	kahl
to exhaust [ɪg'zɔːst]	erschöpfen	chalk [tʃɔːk]	Kreide
haunt	häufig besuchter Ort	falcon ['fɔːlkən, Am.æ]	Falke
to ∼	heimsuchen	halt, to ∼	Halt; haltmachen
to launch [lɔːntʃ]	zu Wasser lassen (Boot)	instalment	Teilzahlung, Rate
assault	Angriff	(ar) dwarf	Zwerg
to ∼	angreifen	(aw) awe [ɔː]	Ehrfurcht
		awkward ['ɔːk∼]	ungeschickt, peinlich

17 [ʊ] put

betont:

(u) bull	Bulle, Stier	to push	stoßen, schieben
bullet	(Gewehr-)Kugel	(o) bosom ['bʊzəm]	Busen, Brust
bulwark ['∼wək]	Bollwerk	wolf	Wolf
butcher	Fleischer, Schlachter	woman	Frau
cushion	(Sofa-)Kissen	(oo) brook	Bach
pudding	Süßspeise, Pastete	foot	Fuß
pulpit	Kanzel	hood	Kappe, Haube
		hook	Haken
		soot	Ruß

18 [uː] blue

betont:

(o) ado [ə'duː]	Getue, Aufheben	(ou) wound	Wunde
tomb [tuːm]	Grab(mal)	(ui) bruise [bruːz]	Quetschung
to lose [luːz]	verlieren	to ∼	(zer)quetschen
(oo) loose, to ∼ [luːs]	lose; lösen	cruise [kruːz]	Kreuztour
balloon	Ballon	to ∼	kreuzen
(oe) canoe [kə'nuː]	Kanu, Paddelboot	fruit	Frucht
shoe	Schuh	juice [dʒuːs]	Saft
(ew) jewel ['dʒuːəl]	Edelstein	suit, to ∼ [suːt]	Anzug; passen

[jʊ] [juː] cure new

19

Wenn der Buchstabe 'u' als Laut [ʊ] gesprochen wird, hat er einen [j]-Vorschlag, außer nach ʃ, ʒ, r. Die Entwicklung im heutigen Englisch geht dahin, auch nach 'l' (besonders wenn diesem ein unbetonter Vokal vorangeht) und gelegentlich nach 's' statt [jʊ] nur [ʊ] zu sprechen, z. B. evolution, revolution, illusion, lunatic, salute, absolute. Im amerikanischen Englisch fehlt der [j]-Vorschlag außerdem nach d, t, th, n und s.

betont:

(u)	pure [pjʊə]	rein		tune [tjuːn]	Melodie
	mature [mə'tjʊə, mə'tʃʊə]	reif	(eu)	adieu [ə'djuː]	lebe wohl!
	suicide ['s(j)ʊısaıd]	Selbstmord		feudalism ['fjuːdəlızm]	Lehnswesen
	to accumulate [ə'kjuːmjʊleıt]	(sich) (an)häufen		neutral	neutral
	bugle ['bjuːgl]	Signalhorn		pseudo- ['sjuːdəʊ]	Pseudo-, falsch
	cucumber ['kjuːkʌmbə]	Gurke		queue [kjuː]	Reihe, Schlange
				to ~ (up)	Schlange stehen
	minute [maı'njuːt]	winzig, genau	(ew)	dew	Tau, Feuchtigkeit
	mutual ['mjuːtʃʊəl]	gegenseitig		to hew	hauen, hacken
	nucleus ['njuːklıəs]	(Atom-)Kern		nephew ['nevjuː]	Neffe
	tube [tjuːb]	Tube, Röhre, Untergrundbahn		view, to ~ [vjuː]	Ansicht, ansehen
				review [rı'vjuː]	Durchsicht
				to ~	besichtigen
	tumult ['tjuːmʌlt]	Aufruhr, Lärm			

unbetont:

	genuine ['dʒenjʊın]	echt, wahr	(ue)	ague ['eıgjuː]	Schüttelfrost
	unanimous [juː'nænıməs]	einstimmig		to argue	erörtern, streiten
	unique [juː'niːk]	einzig(artig)		virtue	Tugend, Kraft

In den folgenden Wörtern auf *-gue und gu-* ist das 'u' stumm:

colleague ['kɒliːg]	Kollege	guarantee, to ~ [gærən'tiː]	Gewähr (leisten)
league [liːg]	Liga, Bund	guard, to ~	Wache, bewachen
fatigue [fə'tiːg]	Ermüdung	guardian	Wächter, Vormund
intrigue [ın'triːg]	Intrige		
plague [pleıg]	Seuche, Plage		
to ~	plagen	guinea ['gını]	Guinee (21 Schilling alter Währung)
vague [veıg]	unbestimmt		
tongue [tʌŋ]	Zunge, Sprache		
rogue [rəʊg]	Schurke, Schelm	guitar [gı'tɑː]	Gitarre
catalogue	Katalog	guide [gaıd]	Führer
dialogue	Dialog	disguise [~'gaız]	Verkleidung
monologue	Monolog	to ~	verkleiden

'u' ist Halbvokal [w] in:

to distinguish [~'tɪŋgwɪʃ]	unterscheiden
to extinguish	auslöschen
anguish ['æŋgwɪʃ]	Pein, Angst

20 [ʌ] but

betont:

(u)	butler	Butler, erster Diener
	duchess ['dʌtʃɪs]	Herzogin
	furrier	Pelzhändler, Kürschner
	hug	Umarmung
	to ~	umarmen
	lust	Lust, Gier, Sucht
	luxury ['lʌkʃərɪ]	Luxus, Pracht
	occurrence [ə'kʌr(ə)ns, Am. ə'kɜː~]	Ereignis, Vorfall
	suburb ['sʌbɜːb]	Vorstadt
	tub	Faß, Kübel, Badewanne
	vulgar	gewöhnlich, gemein
(ou)	courage ['kʌrɪdʒ, Am. 'kɜː~]	Mut
	cousin [kʌzn]	Cousin(e)
	to flourish	blühen, gedeihen
	to nourish	(er)nähren, pflegen
	southern ['sʌðən]	südlich
	touch [tʌtʃ]	Berührung
	to ~	berühren
	rough [rʌf]	rauh, grob
	tough [tʌf]	zäh, schwierig
(oo)	flood, to ~	Flut, überfluten
	blood	Blut
(om)	comfort	Trost, Bequemlichkeit
	to ~	trösten
	company	Gesellschaft
	to accompany	begleiten
	compass	Kompaß, Bereich
	stomach ['stʌmək]	Magen
(on)	to conjure ['kʌndʒə]	zaubern; beschwören (s. § 75)
	constable (Am. [ɒ])	Schutzmann
	front	Vorderseite
	frontier ['frʌntɪə] (Am. [frʌn'tɪər])	(Landes-)Grenze (Grenz-, Neuland)
	honey ['hʌnɪ]	Honig
	(fish)monger ['mʌŋgə]	(Fisch-)Händler (in Zus.-Setzungen)
	monkey	Affe
	monk	Mönch
	onion ['ʌnɪən]	Zwiebel
	sponge [spʌndʒ]	Schwamm
	ton	Tonne (Gewicht)
	tongue [tʌŋ]	Zunge, Sprache
	to wonder	sich wundern
(or)	borough ['bʌrə, Am. 'bɜːrəʊ]	Stadt, Ort
	thorough ['θʌrə, Am. 'θɜːrəʊ]	vollständig, gründlich
	worry	Unruhe, Verdruß
	to ~	(sich) beunruhigen

(Am. [ɜːr] statt [ʌr])

(ov)	dove	Taube
	glove	Handschuh
	oven	Backofen
	shove, to ~	Schub; schieben
	shovel	Schaufel
	to ~	schaufeln
(oz)	dozen	Dutzend

unbetont:

tumult ['tjuːmʌlt]	Aufruhr, Lärm

[ə] father — kommt in den *unbetonten* Silben zahlreicher Wörter vor, z. B. 21

(a)	altar ['ɔ:ltə]	Altar		effort ['efət]	Anstrengung, Mühe
	dollar	Dollar		petrol	Benzin
	vinegar ['vɪnɪgə]	Essig		purpose	Zweck, Absicht
	monarch ['mɒnək]	Monarch	(u)	figure	Gestalt, Ziffer
	gentleman	Herr		to injure ['ɪndʒə]	verletzen, beleidigen
	villain	Schurke		literature ['lɪtrətʃə]	Literatur
	breakfast	Frühstück		signature	Unterschrift
	purchase, to ~	Kauf; kaufen		temperature	Temperatur
	trespass ['trespəs]	Vergehen, Übertretung	(ou)	borough ['bʌrə]	Stadt, Ort
	to ~	übertreten		thorough ['θʌrə] (s. § 20.)	vollständig, gründlich
	parliament ['pɑ:ləmənt]	Parlament		odour ['əʊdə]	Geruch
(o)	comfort ['kʌmfət]	Trost, Bequemlichkeit		humour	Humor
	to ~	trösten			

Merke: In Zusammensetzungen wird unbetontes 'sub-' zu [səb-]. Dasselbe gilt für die assimilierten Formen:

to subdue	unterwerfen	to suppose	vermuten
to submit	sich unterwerfen	to suppress	unterdrücken
to subscribe	abonnieren	to surrender	sich ergeben
to succeed	Erfolg haben	to suspect	argwöhnen
sufficient	genügend	to suspend	unterbrechen, aufschieben
to suggest	vorschlagen	suspicion	Verdacht
to supply	versorgen	to sustain	unterstützen
to support	unterstützen		

[3:] word 22

betont:

	colonel ['k3:nl]	Oberst	(our)	journal ['dʒ3:nl]	Tagebuch, Zeitschrift
(er)	to determine [dɪ't3:mɪn]	beschließen, sich entschließen		courtesy ['k3:təsɪ]	Höflichkeit
	dessert [dɪ'z3:t]	Nachtisch		courteous ['k3:tɪəs]	höflich
	superb	prächtig		scourge [sk3:dʒ]	Geißel
	jerk, to ~ [dʒ3:k]	Ruck; stoßen		to ~	geißeln
(or)	attorney [ə't3:nɪ]	Anwalt	(ur)	burglar	Einbrecher
	worm	Wurm		surgeon ['s3:dʒən]	Chirurg, Stabsarzt

23 Stumme Vokale

Bei den folgenden Wörtern wird der Mittelvokal nicht gesprochen:

(e) evening ['i:vnɪŋ]	Abend	(i) business ['bɪznəs]	Geschäft
every ['evrɪ]	jeder, alle	medicine ['medsn]	Medizin, Arznei
interest ['ɪntrəst]	Interesse	carriage ['kærɪdʒ]	Wagen
several ['sevrəl]	mehrere	marriage ['mærɪdʒ]	Heirat, Ehe
sovereign ['sɒvrɪn]	Herrscher; souverän	parliament ['pɑ:lə∼]	Parlament

2. Diphthonge

24 [aɪ] fly

betont:

ay(e) [aɪ]	ja, freilich; Ja(stimme)	trifle	Kleinigkeit
		viscount ['vaɪ∼]	(engl. Adelstitel)
(i) Christ [k]	Christus	vital	lebenswichtig, -kräftig
live [laɪv]	lebendig (Adjektiv!)	bicycle	Fahrrad
pint	Pinte (etwa ½ Liter)	divine [dɪ'vaɪn]	göttlich; Geistlicher
		horizon [hə'raɪzn]	Horizont
to wind	(sich) winden		
bias	Neigung, Vorurteil; schief, schräg	to indict [ɪn'daɪt]	(schriftl.) anklagen
to ∼	neigen, (ungünstig) beeinflussen	to oblige [ə'blaɪdʒ]	verpflichten
		precise [prɪ'saɪs]	genau, bestimmt
dial	Zifferblatt, Nummernscheibe	(ei) either ['aɪðə, Am. 'i:∼]	einer, jeder (von beiden), beide; entweder
to ∼	(telef.) wählen		
diet	Nahrung, Diät	neither ['naɪðə, Am. 'ni:∼]	keiner (von beiden); weder
choir ['kwaɪə]	Chor		
fibre ['faɪbə]	Faser	height	Höhe
item	Einzelheit	(y) guy [gaɪ]	Kerl, Bursche (Am.)
lilac	Flieder; lila		
rival	Nebenbuhler	asylum [ə'saɪləm]	Asyl

unbetont:

alibi ['ælɪbaɪ]	Alibi	minute [maɪ'nju:t]	winzig, genau
diverse [daɪ'vɜ:s]	verschieden, ∼artig	franchise ['fræntʃaɪz]	Wahlrecht
to divert	ablenken, zerstreuen	psychology [saɪ'kɒlədʒɪ]	Psychologie

maritime ['mærɪtaɪm]	seefahrend, See-, Schiffahrts-	finite ['faɪnaɪt]	begrenzt
fragile ['frædʒaɪl]	zer-, gebrechlich	appetite	Appetit, Verlangen
missile ['mɪsaɪl] [Am. 'mɪs(ɪ)l]	Flugkörper, Rakete	satellite	Anhänger, Satellit

[eɪ] day 25

betont:

(a) alien ['eɪlɪən]	fremd; Ausländer	vacant ['veɪkənt]	leer, unbesetzt
ancient ['eɪnʃənt]	alt	champagne [ʃæm'peɪn]	Champagner
base [beɪs]	Grundlage, Stützpunkt; gemein, niedrig	oasis [əʊ'eɪsɪs]	Oase
to ~	gründen, stützen	simultaneous [sɪml'teɪnɪəs, Am. saɪ~]	gleichzeitig
bass [beɪs]	Baß	(ai) failure ['feɪljə]	Mißerfolg
capable ['keɪ~]	fähig	straight	gerade(wegs)
chamber	Kammer	to ascertain [æsə'teɪn]	ermitteln, feststellen
chaos ['keɪɒs]	Chaos		
cradle	Wiege	to maintain [mein'teɪn]	erhalten, behaupten
fatal ['feɪtl]	tödlich, unheilvoll	maintenance ['meɪn~]	Erhaltung, Behauptung
fragrant ['freɪgrənt]	duftend; Duft		
major ['meɪdʒə]	Major	(ao) gaol [dʒeɪl] (= jail)	Gefängnis
manger ['meɪndʒə]	Krippe		
patent (Am. [æ])	Patent	(au) gauge [geɪdʒ] (Am. gage)	Spurweite, Maßstab
to ~	patentieren		
patron	Schutzherr, Kunde	(é) précis ['preɪsiː, Am. preɪ'siː]	Zusammenfassung, Übersicht
plague [pleɪg]	Seuche, Plage	(ei) freight	Fracht
to ~	plagen	weight	Gewicht
vague	unbestimmt	sleigh	Schlitten
radar ['reɪdɑː]	Radar	(et) bouquet [bəʊ'keɪ, buː~]	Blumenstrauß
radiant ['reɪdɪənt]	strahlend		
sacred	heilig		

[aʊ] house 26

betont:

(ou) blouse [z, Am. s]	Bluse	bounty	Freigebigkeit; Gabe
bough	Ast, Zweig		
to bounce	(hoch)springen	couch	Ruhebett

to crouch	sich ducken, demütigen	(ow)	bow	1. Schiffsbug 2. Verbeugung
foul	schmutzig, falsch		to ~	(sich) (ver-) beugen
lounge	Diele, Foyer		brow	Augenbraue
to ~	faulenzen, schlendern		crowd	Haufen, Menge
ounce	Unze (28 g)		to ~	sich drängen
plough	Pflug		drowsy [z]	schläfrig
to ~ (Am. plow)	pflügen		to endow	ausstatten
to rouse [z]	auf-, erwecken, aufreizen		frown	Stirnrunzeln
			to ~	die Stirn runzeln
shroud	Leichentuch		gown	Kleid, Talar
sprout	Sproß		owl	Eule
to ~	wachsen		shower	Regenschauer, Dusche
stout	kräftig, stämmig		to ~	(sich) ergießen
to vouch	beteuern, verbürgen		vow, to ~	Gelübde, geloben
			vowel	Vokal

27 [əʊ] boat

betont:

(o)	comb [kəʊm]	Kamm		revolt [rɪ'vəʊlt]	Aufruhr
	to ~	kämmen		opponent [ə'pəʊ ~]	Gegner
	folk [fəʊk]	Leute, Volk	(ow)	bow	Bogen
				crow	Krähe
	gross	dick, grob, ungeheuerlich		to ~	krähen
				bowl	Schale; Holzkugel
	host (hostess)	Gastgeber(in), Wirt(in)	(oa)	cloak	Mantel
	poll	Abstimmung, Wählerliste		coach	Kutsche, Eisenbahnwagen, Bus
	toll	(Wege-)Zoll		coast	Küste
	cocoa ['kəʊkəʊ]	Kakao		foam	Schaum
	focus	Brennpunkt		to ~	schäumen
	forecastle ['fəʊksl]	Vorderdeck (Schiff)		goal	Mal, Ziel, Tor
				soap	Seife
	odour ['əʊdə]	Geruch	(oe)	woe	Weh; wehe!
	potent	mächtig		toe	Zeh
	process (Am. [ɒ])	Verlauf, Verfahren		mistletoe ['mɪsltəʊ]	Mistelzweig
			(oo)	brooch [brəʊtʃ]	Brosche
	progress (Am. [ɒ])	Fortschritt(e)	(ew)	to sew	nähen
	protest	Protest	(au)	chauffeur ['ʃəʊfə, Am. ʃəʊ'fɜːr]	Chauffeur
	to postphone [pəs'pəʊn]	aufschieben			

[eə] hair 28

betont:

area ['eərɪə]	Fläche	to bear	(er)tragen
dairy	Milchwirtschaft, Molkerei	pear	Birne
		to swear	schwören, fluchen
heir [eə]	Erbe		
mayor [meə]	Bürgermeister	to tear	(zer)reißen
prayer [preə]	Gebet	to wear	tragen

[ɪə] ear 29

betont:

	idea [aɪ'dɪə]	Idee, Vorstellung		volunteer	Freiwilliger
	zero ['zɪərəʊ]	Null, Gefrierpunkt	(ear)	beard	Bart
(ere)	to interfere	sich einmischen, stören		gear	Getriebe, Gang (beim Motor)
	to persevere	beharren, aushalten		tear	Träne
	sincere	aufrichtig		dreary	traurig, öde
(eer)	beer	Bier		weary	müde, überdrüssig
	career	Laufbahn, Karriere			
	engineer	Ingenieur		to ∼	ermüden

3. Konsonanten

Konsonanten geben weniger zu Aussprachefehlern Anlaß als Vokale und Diphthonge. Die folgenden Laute verdienen jedoch besondere Beachtung.

[dʒ] joy 30

'g' = [dʒ] in romanischen Wörtern vor e, i, y. (In romanischen Wörtern vor a, o, u und in germanischen Wörtern wird 'g' als [g] gesprochen, z. B. elegant, legal, guard; to get, to give.)

(ge)	gem	Edelstein	digest ['daɪdʒest]	Sammlung, Übersicht
	generous ['dʒe∼]	freigebig		
	genuine ['dʒenjʊɪn]	echt, wahr	to digest [d(a)ɪ'dʒest]	verdauen; ordnen
	genius ['dʒiːnɪəs]	Geist, Begabung	gauge [geɪdʒ]	Spurweite, Maßstab
	geography [dʒɪ'ɑ∼]	Geographie		
	germ [dʒɜːm]	Keim, Krankheitserreger	ingenious [∼'dʒiːn∼]	geistreich
	gesture ['dʒestʃə]	Gebärde	ingenuity [∼dʒɪ'njuː∼]	Scharfsinn
	angel ['eɪndʒl]	Engel		

	ingenuous [ɪn'dʒenjʊəs]	offen(herzig), unbefangen		giraffe [dʒɪ'rɑ:f]	Giraffe
	legend ['ledʒənd]	Legende		to agitate	auf-, erregen
	manger ['meɪndʒə]	Krippe		allegiance [ə'li:dʒəns]	Lehnspflicht, Ergebenheit
	vegetables ['vedʒtəblz]	Gemüse		eligible ['elɪdʒəbl]	wählbar
	dungeon ['dʌndʒən]	Kerker		fragile ['frædʒaɪl]	zer-, gebrechlich
	surgeon ['sɜ:dʒən]	Chirurg		legislation	Gesetzgebung
	pigeon ['pɪdʒɪn]	Taube		legislative ['ledʒɪs~]	gesetzgebend
	gorgeous ['gɔ:dʒəs]	prächtig		longitude ['lɒndʒɪ~]	geogr. Länge
	to oblige [ə'blaɪdʒ]	verpflichten		magic	Zauberei; magisch
	refuge ['refju:dʒ]	Zuflucht		margin ['mɑ:dʒɪn]	Rand
	siege [si:dʒ]	Belagerung		origin	Ursprung
	to exaggerate [ɪg'zædʒəreɪt]	übertreiben		register	Verzeichnis;
	to suggest	vorschlagen		to ~	aufzeichnen
(gi)	giant ['dʒaɪ~]	Riese		Belgian	Belgier; belgisch
	gigantic [dʒaɪ'gæntɪk]	riesenhaft		Norwegian [~'wi:~]	Norweger; norwegisch
	gin	Wacholderbranntwein	(gy)	gymnasium [dʒɪm'neɪzɪəm]	Turnhalle
	ginger ['dʒɪndʒə]	Ingwer		clergy [ɜ:]	Geistlichkeit
	gipsy	Zigeuner			

31 [ŋg] finger

In den folgenden Wörtern ist das g *deutlich hörbar* zu sprechen:

anger	Ärger, Zorn	longer	länger
angle, to ~	Winkel; angeln	stronger	stärker
England	England	younger	jünger
hunger	Hunger		

32 [k] king

(ch)	ache [eɪk]	Schmerz	echo ['ekəʊ]	Echo
	to ~	schmerzen	to ~	widerhallen
	anchor	Anker	epoch ['i:pɔk]	Epoche
	to ~	(ver)ankern	mechanic [mɪ'kænɪk]	mechanisch; Handwerker
	architect	Architekt	melancholy ['melənkəlɪ]	Schwermut; schwermütig
	chaos ['keɪɒs]	Chaos	monarch ['mɒnək]	Monarch
	chemist	Chemiker, Apotheker	orchestra ['ɔ:kɪstrə]	Orchester
	chorus ['kɔ:rəs]	Chor	scheme, to~ [ski:m]	Plan; planen
	chronic [ɒ]	chronisch		

	scholar	Gelehrter
	sepulchre ['seplkə]	Grab
	stomach ['stʌmək]	Magen
	technical ['teknɪkl]	technisch
(cu)	biscuit ['bɪskɪt]	Keks
	circuit ['sɜ:kɪt]	Kreislauf, Stromkreis
(qu)	quay [ki:]	Kai
	queue [kju:]	Reihe, Schlange
	to ~	Schlange stehen
	to conquer ['kɒŋkə]	erobern
	exchequer [ɪks'tʃekə]	Staatskasse, Finanzministerium
	liquor ['lɪkə]	Flüssigkeit, geistiges Getränk
	antique	alt
	technique [tek'ni:k]	Technik, Kunst der Ausführung
	unique [ju:'ni:k]	einzig(artig)

kw

banquet ['bæŋkwɪt]	Festmahl
conquest ['kɒŋkwest]	Eroberung
choir ['kwaɪə]	Chor
liquid ['lɪkwɪd]	flüssig; Flüssigkeit (als Stoff)

[ʃ] **fish**

-ce-, -ci-, -ti- und auch -si- (wenn ein a folgt) werden meist [ʃ] gesprochen, z. B. ocean, social, essential. Beachte besonders: **33**

(si)	Asia, ['eɪʃə, Am. ʒ]	Asien
	Persia ['pə:ʃə, Am. ʒ]	Persien, Iran
	Russia ['rʌʃə]	Rußland
	aversion (Am [ʒ])	Abneigung
	version (Am. [ʒ])	Fassung, Lesart
	compulsion	Zwang
	mansion	Herrenhaus
	pension	Ruhegehalt, Rente
	tension	Spannung

außerdem:

(ch)	champagne [ʃæm'peɪn]	Champagner
	chauffeur ['ʃəʊfə]	Chauffeur
	chivalry ['ʃɪvlrɪ]	Rittertum
	machine	Maschine
	moustache	Schnurrbart
	parachute ['pærəʃu:t]	Fallschirm
	schedule ['ʃedju:l, Am. 'skedʒʊl]	Verzeichnis, Am. Fahrplan
(s)	sugar	Zucker
	sure	sicher
	issue ['iʃu:]	Ausgang, Ausgabe; Streitfrage
	to ~	herauskommen, herausgeben

[tʃ] **catch**

[tʃ] haben fast alle Wörter auf -tu-, z. B. creature, future, punctual; außerdem zahlreiche andere Wörter auf ch-, z. B. cheap, cheese, child. Beachte besonders: **34**

	righteous ['raɪtʃəs]	gerecht, rechtschaffen
(ch)	arch, arch-	1. Bogen, Gewölbe, 2. Erz- (archbishop)
	to attach	anbinden, befestigen
	brooch [brəʊtʃ]	Brosche
	exchequer [ɪks'tʃekə]	Staatskasse, Finanzministerium
	mischief ['mɪstʃɪf]	Unheil
	niche [nɪtʃ]	Nische
	orchard ['ɔ:tʃəd]	Obstgarten

35 [s] see house

Im *Anlaut* ist s- immer *stimmlos* [s] (see, sit), ebenso im *Auslaut* nach *stimmlosen* Konsonanten (hats, he stops). Aus der Fülle der übrigen Wörter mit [s] merke:

absolute	unbedingt, unabhängig	(se) base	Grundlage, Stützpunkt
absurd [əb'sɜ:d]	unsinnig	to ~	gründen, stützen
asylum [ə'saɪləm]	Asyl	basic	grundlegend
basin [eɪ]	Becken, Schale	coarse	grob, rauh
comparison	Vergleich	false	falsch, unrichtig
crisis [aɪ]	Krise	immense	unermeßlich
crusade [kru:'seɪd]	Kreuzzug	paradise	Paradies
curiosity	Neugier	precise [prɪ'saɪs]	genau, bestimmt
desolate ['desələt]	verlassen, einsam, trostlos	tense	1. Zeitform, 2. gespannt
emphasis	Nachdruck	to cease [si:s]	aufhören
episode	Episode	to decease	sterben
jealousy ['dʒeləsɪ]	Eifersucht	to decrease	abnehmen, (sich) vermindern
mason [eɪ]	Maurer		
philosophy	Philosophie	to increase	zunehmen
to prosecute ['prɒsɪkju:t]	(gerichtlich) verfolgen	lease, to ~	Miete, (ver)mieten
		release	Freilassung
ransom	Lösegeld	to ~	freilassen
research	(Nach)forschung	chase, to ~	Jagd; jagen
resource	Hilfsquelle	purchase, to ~ ['pɜ:tʃəs]	Kauf; kaufen
sausage ['sɒsɪdʒ]	Wurst		

36 [z] his

s ist bei *stimmhaften Konsonanten* und bei *Vokalen* meistens stimmhaft [z]. Zu Fehlern können Anlaß geben:

disaster	Unglück	husband	Ehemann
disease [dɪ'zi:z]	Krankheit	wisdom	Weisheit
dismal [dɪ'zməl]	trüb(selig)	to cleanse [klenz]	reinigen
to dissolve	(sich) (auf)lösen	series ['sɪəri:z]	Reihe
to absolve	los-, freisprechen	species ['spi:ʃi:z]	Art, Sorte
to observe	beobachten	Tuesday	Dienstag
dessert [dɪ'zɜ:t]	Nachtisch	Wednesday ['wenzdɪ]	Mittwoch
to possess [pə'zes]	besitzen		
scissors ['sɪzəz]	Schere	Thursday	Donnerstag
clumsy	unbeholfen		

Bei den folgenden Wörtern wird das -x- als [gz] gesprochen:

exact	genau	to exhaust [ɪg'zɔ:st]	erschöpfen
to exaggerate	übertreiben	to exhibit [ɪg'zɪbɪt]	ausstellen
to exalt [ɔ:]	erheben, erhöhen	to exist	bestehen, vorhanden sein
to examine [ɪg'zæ~]	prüfen		
example	Beispiel	to exult [ɪg'zʌlt]	frohlocken

[ð] with 37

worthy	würdig	northern	nördlich
to bathe [eɪ]	(im Freien) baden	southern [ʌ]	südlich
to breathe [iː]	atmen	smooth	glatt, sanft

[f] off 38

lieutenant [lef'tenənt]	Leutnant (siehe § 3)	trough [ɒ]	Trog
(gh) draught [ɑː]	Zug(luft)	enough [ʌ]	genug
cough, to ∼ [ɒ]	Husten; husten	rough [ʌ]	rauh
		tough [ʌ]	zäh

Stumme Konsonanten 39

befinden sich u. a. in folgenden Wörtern:

(b) debt	(Geld-) Schuld	sandwich ['sænwɪdʒ, Am. ∼wɪtʃ]	belegtes Brot
debtor	Schuldner	(g) to gnaw	nagen
doubt, to ∼ [aʊ]	Zweifel; zweifeln	(h) heir	Erbe
subtle ['sʌtl]	fein, schlau	honour ['ɒnə]	Ehre
bomb [ɒ]	Bombe	to exhaust [ɪg'zɔːst]	erschöpfen
to climb [aɪ]	klettern	to exhibit [ɪg'zɪbɪt]	ausstellen
comb, to ∼ [əʊ]	Kamm; kämmen	prohibition [prəʊɪ'bɪʃən]	(Alkohol-)Verbot
crumb [ʌ]	Krume	shepherd ['ʃepəd]	Schäfer
dumb [ʌ]	stumm	vehement ['viːəmənt]	heftig
lamb	Lamm	vehicle ['viːɪkl]	Fahrzeug
limb	(Körper-)Glied	(k) knave [eɪ]	Schurke
thumb	Daumen	(l) alms	Almosen
tomb [uː]	Grab(mal)	almond ['ɑːmənd]	Mandel
(c) to indict [ɪn'daɪt]	(schriftl.) anklagen	folk [fəʊk]	Leute, Volk
victuals ['vɪtlz]	Lebensmittel	(p) corps [kɔː]	Korps
to discern [dɪ'sɜːn]	unterscheiden, erkennen	cupboard ['kʌbəd]	(Küchen-)Schrank
muscle ['mʌsl]	Muskel	pneumonia [njuː'məʊnɪə]	Lungenentzündung
(d) Wednesday ['wenzdɪ]	Mittwoch	psalm [sɑːm]	Psalm
handkerchief ['hæŋkətʃɪf]	Taschentuch	psycho- ['saɪkəʊ]	psycho-
handsome ['hænsəm]	stattlich	raspberry ['rɑːzbrɪ]	Himbeere
		receipt [rɪ'siːt]	Empfang, Quittung

(r) fibre [aɪ]	Faser
sepulchre ['seplkə]	Grab
theatre ['θɪətə]	Theater
(s) aisle [aɪl]	Seitenschiff, Gang
island (isle [aɪl])	Insel
viscount ['vaɪ~]	(Adelstitel)
(t) mortgage ['mɔːgɪdʒ]	Hypothek
to soften [sɒfn]	mildern
trait [treɪ, Am. treɪt]	(Charakter-)Zug
chestnut	Kastanie
Christmas	Weihnachten
to moisten	befeuchten
mistletoe	Mistelzweig
to rustle	rascheln
whistle, to ~	Pfeife, pfeifen
to wrestle [resl]	ringen
(w) sword [sɔːd]	Schwert
to wrap	(ein)wickeln
wrath [ɒ, Am. æ]	Zorn
wreath [iː]	Kranz
wreck	Wrack
wretched ['retʃɪd]	elend, scheußlich
to wring	winden, wringen
wrinkle	Runzel
wrist	Handgelenk

4. Verschiedene Lautung ähnlich geschriebener Wörter

40

to afford [ə'fɔːd]	gewähren, sich leisten
effort ['efət]	Anstrengung
anger ['æŋgə]	Ärger
angel ['eɪndʒl]	Engel
angle [æŋgl]	Winkel
ankle [æŋkl]	Fußknöchel
ant [ænt]	Ameise
aunt [ɑːnt]	Tante
beer [bɪə]	Bier
beard [bɪəd]	Bart
bear; to ~ [beə]	Bär; tragen
butcher [ʊ]	Fleischer
butler [ʌ]	erster Diener
cause; to ~ [kɔːz]	Ursache; veranlassen
course [kɔːs]	Lauf, Kurs
cloth [klɒθ]	Tuch (vgl. § 77)
clothes [kləʊðz]	Kleidung
coast [kəʊst]	Küste
cost; to ~ [kɒst]	Kosten; kosten
costume ['kɒstjuːm]	Kostüm (vgl. § 77)
custom ['kʌstəm]	Gewohnheit, Brauch, Zoll
to decease [dɪ'siːs]	sterben
disease [dɪ'ziːz]	Krankheit
food [uː]	Nahrung
foot [ʊ]	Fuß
goal [dʒeɪl]	Gefängnis
goal [gəʊl]	Ziel, Mal, Tor
liquid ['lɪkwɪd]	flüssig, Flüssigkeit
liquor ['lɪkə]	geistiges Getränk
liqueur [lɪ'kjʊə, Am. ~'kɜː]	Likör
to lose [luːz]	verlieren
(to) loose [luːs]	lose; losmachen
to loosen [luːsn]	lösen, lockern (vgl. § 79)
major ['meɪdʒə]	Major
mayor [meə]	Bürgermeister
monkey [ʌ]	Affe
donkey [ɒ]	Esel
pear [peə]	Birne
peer [pɪə]	Mitgl. d. H. of Lords
patrol [pə'trəʊl]	Patrouille
petrol ['petrəl]	Benzin

poor [pʊə]	arm
pure [pjʊə]	rein
to pour [pɔː]	gießen
potato [pəˈteɪtəʊ]	Kartoffel
tomato [təˈmɑːtəʊ, Am. təˈmeɪtəʊ]	Tomate
receipt [rɪˈsiːt]	Empfang(sschein)
recipe [ˈresəpɪ]	Rezept (Koch)
soap [əʊ]	Seife
soup [uː]	Suppe

sweat, to ~ [e]	Schweiß, schwitzen
sweet [iː]	süß
ton [tʌn]	Tonne (Gewicht)
tone [təʊn]	Ton
tune [tjuːn]	Melodie
tongs [ɒ]	Zange
tongue [tʌŋ]	Zunge
to wander [ɒ]	umherschweifen
to wonder [ʌ]	sich wundern

5. Verschiedene Lautung stammverwandter Wörter

Aus der Fülle möglicher Gegenüberstellungen kann hier nur eine geringe Auswahl gegeben werden. 41

anxious [ˈæŋkʃəs]	besorgt, bestrebt	anxiety [æŋˈzaɪətɪ]	Besorgnis, eifriges Bestreben
luxury [ˈlʌkʃərɪ]	Pracht	luxurious [ləgˈʒʊərɪəs]	üppig
bath [bɑːθ, pl. bɑːðz]	(Wannen-)Bad	bathe, to ~ [beɪð]	Bad, baden (im Freien)
to create [krɪˈeɪt]	(er)schaffen	creature [ˈkriːtʃə]	Geschöpf
duke [djuːk]	Herzog	duchess [ˈdʌtʃɪs]	Herzogin
nation [ˈneɪʃn]	Nation	national [ˈnæʃnəl]	national
to occur [əˈkɜː]	sich ereignen	occurrence [əˈkʌrəns]	Ereignis
[iː] to appreciate	(hoch)schätzen	[e] precious	kostbar
to breathe [briːð]	atmen	breath [breθ]	Atem(zug)
cleanly	rein (Adverb!)	cleanly	reinlich (Adj.)
		cleanliness	Reinlichkeit
		to cleanse [z]	reinigen
discreet	besonnen	discretion	Besonnenheit
hero	Held	heroism	Heldentum
severe	streng	severity	Strenge
sincere	aufrichtig	sincerity	Aufrichtigkeit
supreme	höchst, äußerst	supremacy [səˈpre~]	Vorherrschaft
treason	Verrat	treacherous [tʃ]	verräterisch
zeal	Eifer	zealous	eifrig
[aɪ] to conspire	sich verschwören	[ɪ] conspiracy [~ˈspɪrəsɪ]	Verschwörung
		conspirator	Verschwörer
to prophesy	weissagen	prophecy	Weissagung
tyrant	Tyrann	tyranny [ˈtɪ~]	Tyrannei
wild	wild	wilderness	Wildnis

[eit] *Verben, z. B.*		[ət] *Substantive und Adjektive, z. B.*	
to advocate ['æd∼]	verteidigen	advocate ['æd∼]	Verteidiger
to deliberate	überlegen	deliberate	(wohl)überlegt
to separate	trennen	separate ['seprət]	getrennt

[z] *Verben:*		[s] *Substantive und Adjektive:*	
to advise	raten	advice	Rat(schlag)
to devise	erdenken	device	Plan, Erfindung
to close	schließen	close	nah, vertraut
to excuse	entschuldigen	excuse	Entschuldigung
to grease (*auch* [s])	schmieren	grease	Fett, Schmiere
to use	gebrauchen	use	Gebrauch, Nutzen
to abuse	mißbrauchen	abuse	Mißbrauch

C. Aussprache ausgewählter Namen

(Einige Namen sind auch wegen ihrer Schreibung angeführt)

Great Britain

Berkshire	['bɑ:kʃə]
Derby	['dɑ:bɪ]
Bournemouth	['bɔ:nməθ]
Plymouth	['plɪməθ]
Portsmouth	['pɔ:tsməθ]
Cambridge	['keɪm∼]
Cheshire	['tʃeʃə]
Coventry	['kɒvəntrɪ]
Durham	['dʌrəm]
Edinburgh	['edɪnbərə]
Folkestone	['fəʊkstən]
Glasgow	['glɑ:sgəʊ]
Gloucester	['glɒstə]
Leicester	['lestə]
Worcester	['wʊstə]
Greenwich	['grɪnɪdʒ]
Harwich	['hærɪdʒ]
Lincoln	['lɪŋkən]
Southampton	[saʊθ'æmtən]
Thames	[temz]
Warwick	['wɒrɪk]
Windsor	['wɪnzə]

USA

Arkansas	['ɑ:kənsɔ:]
Connecticut	[kə'netɪkət]
Illinois	[ɪlə'nɔɪ]
Massachusetts	[mæsə'tʃu:sɪts]
Michigan	['mɪʃɪgən]
Missouri	[mɪ'zʊərɪ]
Tennessee	[tenə'si:]
Chicago	[ʃɪ'kɑgəʊ]
Gettysburg	['getɪzbɜ:g]
Harvard	['hɑ:vəd]
Niagara	[naɪ'ægərə]

Germany

Bavaria	[bə'veərɪə]	(Bayern)
Cologne	[kə'ləʊn]	(Köln)
Danube	['dænju:b]	(Donau)
Hanover	['hænəʊvə]	(Hannover)
Moselle	[məʊ'zel)	(Mosel)
Munich	['mju:nɪk]	(München)
Rhine	[raɪn]	(Rhein)

Europe ['jʊərəp]

Athens	['æθɪnz]	
Belgium	['beldʒəm]	
Brussels	['brʌslz]	
Calais	['kæleɪ]	
Copenhagen	[kəʊpn'heɪgən]	
Cyprus	['saɪprəs]	(Zypern)
Eire	['eərə]	(Irland)
Florence	['flɒrəns]	
Geneva	[dʒɪ'ni:və]	(Genf)

Gibraltar	[dʒɪ'brɔ:ltə]
Greece	[gri:s] (Griechenland)
Malta	['mɔ:ltə]
Mediterranean (Mittelmeer)	[medɪtə'reɪnɪən]
Naples	['neɪplz] (Neapel)
Prague	[prɑ:g]
Rome	[rəʊm]
Venice	['venɪs] (Venedig)
Vienna	[vɪ'enə] (Wien)

Übrige Welt

Aden	[eɪdn]
Asia	['eɪʃə, Am. ʒ]
Brazil	[brə'zɪl]
Calcutta	[kæl'kʌtə]
Ceylon	[sɪ'lɒn] (*now:* Sri Lanka)
Cuba	['kju:bə]
Delhi	['delɪ]
Egypt	['i:dʒɪpt]
Ganges	['gændʒi:z]
Himalaya	[hɪmə'leɪə]
Israel	['ɪzreɪəl]
Japan	[dʒə'pæn]
Pakistan	[pɑ:kɪ'stɑ:n]
Peking	['pi:kɪŋ]
Persia	['pɜ:ʃə, Am. ʒ] (*now:* Iran)
Philippines	['fɪlɪpi:nz]
Russia	['rʌʃə]
Soviet Union	['səʊvɪət 'ju:nɪən]

Vornamen

Abraham	['eɪbrəhæm]
Adam	['ædəm]
Agatha	['ægəθə]
Albert	['ælbət]
Alice	['ælɪs]
Andrew	['ændru:]
Anthony	['æntənɪ]
Archibald	['ɑ:tʃibəld]
Eve	[i:v]
Geoffrey	['dʒefrɪ]
Graham	['greɪəm]
Jean	[dʒi:n]
Joan	[dʒəʊn]
Matthew	['mæθju:]
Michael	[maɪkl]
Philip	['fɪlɪp]
Sean	[ʃɔ:n]

Andere Namen

Augustine	[ɔ:'gʌstɪn]
Berkeley	['bɑ:klɪ, Am. 'bɜ:klɪ]
Blondel	[blʌndl]
Boleyn	['bʊlɪn]
Canute	[kə'nju:t]
Chaucer	['tʃɔ:sə]
Cleopatra	[klɪə'pætrə]
Crusoe	['kru:səʊ]
Douglas	['dʌgləs]
Falstaff	['fɔ:lstɑ:f]
Guinness	['gɪnɪs]
Gulliver	[ʌ]
Guy Fawkes	[gaɪ fɔ:ks]
Holmes	[həʊmz]
Lincoln	['lɪŋkən]
Maugham	[mɔ:m]
Monroe	[mən'rəʊ]
Raleigh	['rɔ:lɪ, 'rælɪ]
Ulysses	[ju:'lɪsi:z]
Wallace	['wɒlɪs]

II.

SCHREIBUNG

Wie schon auf Seite 13 gesagt, kann die Schreibung eines Wortes keinen sicheren Aufschluß über dessen Aussprache geben. Ebensowenig gibt die Aussprache festen Anhalt für die Schreibung. Im folgenden wird daher, ähnlich wie bei der Aussprache, der für die Oberstufe wichtige Wortschatz in Gruppen, die das Lernen erleichtern sollen, zusammengestellt. Von den im Teil „Aussprache" angeführten Vokabeln werden nur diejenigen wiederholt, die häufig falsch geschrieben werden; im übrigen wird auf die bei den einzelnen Lauten in runden Klammern hinzugefügten Buchstaben und Buchstabengruppen, die Wörter ähnlicher Schreibung besonders herausstellen, zurückverwiesen.

A. Schwierige Wörter

1. Leicht verwechselbare Wörter

43 (Siehe auch § 40 ‚Lautung ähnlich geschriebener Wörter' und § 73 ‚Homophones'!)

to **accept**	annehmen
except	außer
to **expect**	erwarten
access ['ækses]	Zugang
excess [ɪk'ses]	Übermaß
to **affect**	(ein)wirken auf
(to) **effect**	Wirkung; bewirken
to **afford** [ə'fɔːd]	gewähren, s. leisten
effort ['efət]	Anstrengung
to **marry**	heiraten
marriage	Heirat
merry	lustig
than	als (nach Komparativ)
then	dann
bear; to ~	Bär; tragen
beer	Bier
dead	tot
death	Tod
deed	Tat
great	groß
to **greet**	(be)grüßen
pear [peə]	Birne
peer [pɪə]	Mitgl. d. H. of Lords
to **speak**	sprechen
speech	Sprache
sweat, to ~ [e]	Schweiß, schwitzen
sweating	schwitzend
sweet [iː]	süß
bath [bɑːθ]	(Wannen-)Bad
bathe, to ~ [beɪð]	Bad, baden (im Freien) (vgl. § 77)
breath [breθ]	Atem(zug)
to **breathe** [briːð]	atmen
born	geboren
borne	getragen (vgl. § 80)
development	Entwicklung
to **envelop**	einwickeln
envelope	Briefumschlag

champagne	Champagner
camp**aign**	Feldzug
comp**anion**	Begleiter
car**d**	Karte (Spiel, Post)
car**t**	Karren
cause, to ~ [z]	Ursache, veranlassen
course [s]	Lauf, Kurs
canal [kə'næl]	künstl. Kanal
channel [tʃænl]	Wasserstraße (vgl. § 76)
coast	Küste
cost, to ~	Kosten, kosten
cos**tume**	Kostüm
cus**tom**	Brauch, Zoll (vgl. § 77)
coun**cil**	Rat(sversammlung)
coun**sel**	Rat(schlag) (vgl. § 77)
to **decease** [dɪ'si:s]	sterben
disease [dɪ'zi:z]	Krankheit
gaol (jail) [dʒeɪl]	Gefängnis
goal [gəʊl]	Ziel, Mal, Tor
group	Gruppe
troop	Truppe
hate, to ~	Haß, hassen
hat**red**	Haß
high	hoch
height	Höhe
to **lose** [z]	verlieren
loss	Verlust
loose, to ~ [s]	lose; losmachen
to loo**sen**	lösen, lockern (vgl. § 79)
major ['meɪdʒə]	Major
mayor [meə]	Bürgermeister
offi**cer**	Offizier, Beamter
offi**cial**	amtlich; Beamter
to **prepare**	vorbereiten
to **repair**	ausbessern
to **precede**	vorhergehen
to **proceed**	vor-, weitergehen
quiet	ruhig, still
quite	ganz, völlig
to **rise** [aɪ]	sich erheben (vgl. § 81)
to **raise** [eɪ]	auf-, erheben
to **rouse** [aʊ]	(auf)wecken
sacred	heilig
secret	geheim
to **seize** [si:z]	packen, ergreifen
size [saɪz]	Größe, Umfang
sentence, to ~	Satz, Urteil; verurteilen
nonsense	Unsinn
sense	Sinn, Gefühl
expense	Ausgabe, Kosten
shirt	(Männer-)Hemd
skirt	(Frauen-)Rock
soap [əʊ]	Seife
soup [u:]	Suppe
stat**ue** ['stætʃu:]	Standbild
stat**ute** ['stætʃu:t]	Satzung, Gesetz
treason	Verrat
treacherous [e]	verräterisch
traitor	Verräter
to **betray**	verraten
its	sein, ihr
it's	it is, it has (vgl. § 68)
whose	wessen, dessen, deren
who's	who is, who has (vgl. § 68)
at **last**	zuletzt
at **least**	wenigstens (vgl. § 83)

2. Wörter mit besonderen Konsonanten

44 Auch der in der englischen Sprache Fortgeschrittene steht noch oft genug vor der Frage, ob ein Wort an einer bestimmten Stelle mit einfachem oder doppeltem Konsonanten geschrieben wird; in vielen Fällen verführt die Aussprache oder ein entsprechendes deutsches oder französisches Wort zu einer falschen Schreibung. Bei Doppelkonsonanz ist zu unterscheiden zwischen Wörtern, die schon im Stamm zwei Konsonanten haben, und solchen, die in der Wortbildung durch eine assimilierte, d. h. an den ersten Laut des Wortes angeglichene Vorsilbe (z. B. lateinisch *ad* + *company* wird zu *accompany*) oder durch eine Nachsilbe (z. B. *stop* + *ed* wird zu *stopped*) zwei Konsonanten bekommen. Die Konsonantenverdoppelung, die durch Anhängen von Nachsilben entsteht, wird in § 65 behandelt.

Ein Konsonant

bo**d**y	Körper
sha**d**ow	Schatten
wi**d**ow	Witwe
crysta**l**	Kristall
interva**l**	Zwischenraum
meda**l**	Medaille
meta**l**	Metall
mode**l**	Modell
rebe**l**	Rebell
gra**m**ophone	Grammophon
pro**m**ise	Versprechen
telegra**m**	Telegramm
e**n**emy	Feind
priso**n**er	Gefangener
a**p**artment	Zimmer, Wohnung
co**p**y	Abschrift
wea**p**on [e]	Waffe
bu**r**ial [e]	Begräbnis
ca**r**eer	Karriere
e**r**ect, to ~	aufrecht; errichten
inte**r**est	Interesse
bu**s**es (Am. busses)	Omnibusse
poi**s**on [z]	Gift
banquet	Festmahl
butler	Butler, erster Diener
platform	Plattform, Bahnsteig
violet	violett, Veilchen

Einer und zwei

to di**s**a**pp**ear	verschwinden
to di**s**a**pp**oint	enttäuschen
ne**c**e**ss**ary	notwendig
pa**r**a**ll**el	parallel
witness	Zeuge

Zwei Konsonanten

coffin	Sarg
staff	Stab
ga**ll**ery	Galerie
ga**ll**op, to ~	Galopp, galoppieren
progra**m**(**me**)	Programm
to a**nn**oy	ärgern
cannon	Kanone
fu**rr**ier [ʌ]	Kürschner
he**rr**ing	Hering
glass	Glas
grass	Gras
scissors [ˈsɪzəz]	Schere

-l + ly

rea**ll**y	wirklich
coo**ll**y	kühl
actua**ll**y	tatsächlich
gradua**ll**y	allmählich

Zwei und zwei

access [ˈækses]	Zugang, Zutritt
success	Erfolg
address	Adresse
goddess	Göttin
to a**cc**o**mm**odate	anpassen, unterbringen
o**cc**u**rr**ence [əˈkʌ~, Am. əˈkɜː~]	Ereignis
a**gg**re**ss**ion	Angriff
po**ss**e**ss**ion [pəˈzeʃn]	Besitz(ung)
to a**ss**a**ss**inate	ermorden
to emba**rr**a**ss**	verwirren
committee [kəˈmɪtɪ]	Komitee

Doppelkonsonanz infolge Assimilation lateinischer Vorsilben 45

Hierher gehören auch einige der unter ‚*zwei und zwei*' angeführten Wörter. Selten gebrauchte Wörter und solche, deren deutsche Entsprechung ebenfalls zwei Konsonanten hat, werden nicht berücksichtigt.

ad-

a**bb**reviation	Abkürzung	to a**pp**rehend	fassen, begreifen
a**cc**ent ['æksənt]	Betonung	to a**pp**roach	s. nähern
a**cc**ident	Unglück	to a**pp**rove	billigen
to a**cc**ompany [ʌ]	begleiten	to a**rr**ive	ankommen
to a**cc**omplish	vollenden	to a**ss**emble	(sich) versammeln
a**cc**ording to	gemäß	a**ss**ent	Zustimmung
a**cc**ount	Bericht	to a**ss**ert	behaupten
to a**cc**umulate	sich (an)häufen	to a**ss**ign	an-, zuweisen
to a**cc**use	anklagen	(to) a**ss**ociate	(sich) verbinden; Teilhaber
to a**cc**ustom	gewöhnen	to a**ss**ume	annehmen
to exa**gg**erate	übertreiben	to a**ss**ure	(ver)sichern
to a**ll**ude	anspielen (auf)	to a**tt**ach	anbinden, befestigen
to a**nn**ounce	ankündigen	to a**tt**ain	erreichen
a**pp**arent	augenscheinlich	(to) a**tt**empt	versuchen; Versuch
to a**pp**eal	sich wenden an	to a**tt**end	begleiten, bedienen
to a**pp**ear	erscheinen	a**tt**ention	Aufmerksamkeit
to a**pp**ly	anwenden, s. bewerben	a**tt**itude	Haltung, Stellung
to a**pp**oint	festsetzen, ernennen	to a**tt**ract	anziehen
to a**pp**reciate	(hoch)schätzen	to a**tt**ribute	zuschreiben, beimessen

Merke besonders:		*aber:*	
to a**ck**nowledge	anerkennen	a**l**one	allein
to a**cqu**aint	bekanntmachen	a**p**artment	Zimmer, Wohnung
a**cqu**aintance	Bekanntschaft	a**p**ology	Entschuldigung
to a**cqu**ire	erwerben		

com-, dis-, in-, ob-, sub- kommen in zahlreichen Verbindungen vor; nur wenige sind mögliche Fehlerquellen.

to di**ss**olve [z]	(sich) (auf)lösen	to o**cc**ur	sich ereignen
to di**ss**uade [s]	abraten	o**pp**onent	Gegner
i**mm**ediate	unmittelbar	o**pp**ortunity	(günstige) Gelegenheit
i**mm**ediately	sofort	to o**pp**ose	entgegenstellen
i**mm**ense	unermeßlich	to o**pp**ress	bedrücken
to i**mm**igrate	einwandern	(to) su**rr**ender	s. ergeben; Übergabe
o**cc**asion	Gelegenheit, Anlaß	to su**rr**ound	umgeben

Die Konsonanten verdienen noch in vielen anderen Wörtern Beachtung, besonders wenn sie in der Aussprache nicht oder nur schwach hörbar sind. Hier eine Auswahl: 46

su**b**tle [sʌtl]	fein, schlau	ju**dg**e, to ~	Richter; richten
vi**c**tuals [vɪtlz]	Lebensmittel	hau**gh**ty	hochmütig
bri**dg**e	Brücke	nau**gh**ty	ungezogen

straight	gerade(wegs)	journey	Reise
strength	Stärke	jungle	Dschungel
ghost	Geist, Gespenst	rank	Rang
rhyme	Reim	government	Regierung
rhythm	Rhythmus	autumn	Herbst
shepherd	Schäfer	column	Säule
wheat	Weizen	to condemn	verdammen, verurteilen
wheel	Rad	to damn	verdammen, verurteilen
whether	ob	hymn	Hymne
whip, to ~	Peitsche; peitschen	solemn	feierlich
whirl, to ~	Wirbel; wirbeln	nephew	Neffe
whiskers	Backenbart	armour	Panzer, Rüstung
whisk(e)y	Whisk(e)y	harbour	Hafen
to whisper	flüstern	harvest	Ernte
whistle, to ~	Pfeife; pfeifen	sure	sicher, gewiß
to overwhelm	überwältigen		

47 *Verb:* **s** — *Substantiv:* **c**

to advise [z]	raten	advice [s]	Ratschlag
to devise [z]	erdenken, ersinnen	device [s]	Plan, Erfindung
to license (licence)	genehmigen	licence (Am. license)	Erlaubnis, Lizenz
to practise ['~tɪs]	(aus)üben, betreiben	practice ['~tɪs]	(Aus)Übung, Brauch
to prophesy [aɪ]	weissagen	prophecy [ɪ]	Weissagung

48 *Verb:* **v** — *Substantiv:* **f**

to live	leben, wohnen	life	Leben
live [laɪv]	lebendig		
lively	lebhaft		
livelihood	Lebensunterhalt		
alive	lebendig, lebhaft		
to save	retten, sparen	safety	Sicherheit
		safe	sicher; Geldschrank
to prove	beweisen, sich erweisen	proof	Beweis, Probe; sicher, dicht, fest
to believe	glauben	belief	Glaube
to relieve	erleichtern, unterstützen	relief	Erleichterung, Hilfe, Befreiung

49 *Englisch:* **ct** — (Deutsch: kt)

actual	tatsächlich
character	Charakter
correction	Berichtigung, Korrektur
dictation	Diktat
object	Objekt
subject	Subjekt
reproduction	Reproduktion, Nacherzählung

3. Wörter mit besonderen Vokalen

50

(a)

assist**a**nt	Gehilfe
compar**a**tive	vergleichend, verhältnismäßig
e**a**rnest	ernst
to ende**a**vour	sich bemühen
extr**a**ordinary	außergewöhnlich
marm**a**lade	Marmelade
sal**a**ry	Gehalt, Besoldung
(to) separ**a**te	trennen; getrennt

(e)

b**e**ing	seiend; (Da-)Sein
cl**e**rk [ɑ:]	(Büro-)Angestellter
mess**e**nger	Bote
messa**ge**	Botschaft, Nachricht
pass**e**nger	Reisender, Fahrgast
passa**ge**	Durchgang, Überfahrt
ni**e**ce [ni:s]	Nichte
p**e**rfume	Parfüm
serg**e**ant ['sɑ:dʒənt]	Feldwebel
dung**e**on	Kerker
surg**e**on	Chirurg
pig**e**on ['pɪdʒɪn]	Taube
ther**e**for**e**	deshalb, daher
automobil**e**	Automobil
by**e**-by**e**, good-by**e**	Wiedersehen!
cap**e**	Kap; Umhang
engin**e**	Maschine, Motor
magazin**e**	Magazin
medicin**e**	Medizin, Arznei
feminin**e**	weiblich
masculin**e**	männlich

(Weitere Wörter auf **-ine** in § 11)

(to) issu**e** ['ɪʃu:]	herausgeben; Ausgabe, etc.
to pursu**e** [pə'sju:]	verfolgen, betreiben
queu**e**	Reihe, Schlange
to rescu**e**	retten, befreien
to subdu**e**	unterwerfen
valu**e**	Wert
virtu**e**	Tugend, Kraft
volum**e**	Band (eines Buches) Volumen
committ**ee** [kə'mɪtɪ]	Komitee
employ**ee** [ˌemplɔɪ'i:]	Arbeitnehmer
refug**ee** [ˌrefju:'dʒi:]	Flüchtling
engin**ee**r	Ingenieur
volunt**ee**r	Freiwilliger

(é)

caf**é** ['kæfeɪ]	Café
élite [eɪ'li:t]	Elite
fianc**é**(e) [fɪ'ɑ̃:nseɪ]	Verlobter, Verlobte
n**é**e [neɪ]	geborene (vor dem Mädchennamen einer Frau)
pr**é**cis ['preɪsi:, Am. preɪ'si:]	Zusammenfassung, Übersicht

(i)

b**i**cycle	Fahrrad
brill**i**ant	brillant, glänzend
cho**i**r ['kwaɪə]	Chor
l**i**eutenant [lef'~]	Leutnant (s. § 4)
ju**i**ce [dʒu:s]	Saft
parl**i**ament	Parlament
rece**i**pt [rɪ'si:t]	Empfang(sschein)
tax**i**	Taxi

(o)

am**o**ng	unter, zwischen
ball**oo**n [u:]	Ballon
c**o**c**o**a ['kəʊkəʊ]	Kakao
d**o**uble	doppelt
t**o**bacc**o**	Tabak

(u)

bisc**u**it ['bɪskɪt]	Keks
circ**u**it ['sɜ:kɪt]	Kreislauf, Stromkreis
lett**u**ce ['letɪs]	Kopfsalat
s**u**burb ['sʌbɜ:b]	Vorstadt

(Wörter auf **gu-** und **-gue** siehe in § 19)

(y)

m**y**stery	Geheimnis
st**y**le	Stil

Kein e

apar**tm**ent	Zimmer, Wohnung
compar**tm**ent	Abteil
mada**m**	gnädige Frau
(to) visit	besuchen; Besuch

Nur ein e

wherever	wo(hin) auch immer

51 *Verb:* **Doppelvokal** — *Substantiv:* **Einfacher Vokal**

to excl**ai**m	ausrufen	excl**a**mation	Ausruf
to procl**ai**m	verkünden	procl**a**mation	Verkündung
to expl**ai**n	erklären	expl**a**nation	Erklärung
to maint**ai**n [meɪn'teɪn]	erhalten, behaupten	maint**e**nance ['meɪn∼]	Erhaltung, Behauptung
to sust**ai**n [səs'teɪn]	(unter)stützen	sust**e**nance ['sʌs∼]	Lebensunterhalt
to rep**ai**r	ausbessern	rep**a**ration	Wiedergutmachung
to rep**ea**t	wiederholen	rep**e**tition	Wiederholung
to pron**ou**nce [aʊ]	aussprechen	pron**u**nciation [ʌ]	Aussprache

52 *Nach c:* **-ei-** [iː] — *sonst:* **-ie-** [iː]

to conc**ei**ve	sich denken, begreifen	to ach**ie**ve	ausführen, leisten
conc**ei**t	Eingebildetheit, Einfall	ach**ie**vement	Leistung
to dec**ei**ve	täuschen	to bel**ie**ve	glauben
dec**ei**t	Täuschung	bel**ie**f	Glaube
to rec**ei**ve	empfangen	to rel**ie**ve	erleichtern unterstützen
rec**ei**pt [rɪ'siːt]	Empfang(sschein)	rel**ie**f	Erleichterung, Hilfe, Befreiung
to perc**ei**ve	wahrnehmen, bemerken	ch**ie**f	hauptsächlich; Oberhaupt
c**ei**ling	Zimmerdecke	misch**ie**f ['mɪstʃɪf]	Unheil
außerdem:		th**ie**f	Dieb
to s**ei**ze	ergreifen, packen	br**ie**f	kurz
		gr**ie**f	Kummer
		ferner:	
		n**ie**ce	Nichte
		pr**ie**st	Priester
		sh**ie**ld	(Schutz-)Schild
		to shr**ie**k	kreischen
		s**ie**ge	Belagerung
		to bes**ie**ge	belagern

4. Verben, Zahlen und andere Wörter

53 **Verben** (vgl. auch § 81)

to **lie**	**lay**	**lain**	liegen	to **rend**	rent	rent	(zer)reißen
to **lay**	**laid**	**laid**	legen	to **rent**	**rented**	**rented**	(ver)mieten
to pay	**paid**	**paid**	(be)zahlen	to **fall**	fell	fallen	fallen
to play	**played**	**played**	spielen	to feel	felt	felt	fühlen

to flee	fled	fled	fliehen	to catch	caught	caught	fangen
to fly	flew	flown	fliegen	to teach	taught	taught	lehren
				to hold	held	held	halten
to sit	sat	sat	sitzen	to hear	heard	heard	hören
to set	set	set	setzen	to choose	chose	chosen	wählen

Zahlen 54

four	vier	eight	acht
fourteen	vierzehn	eighteen	achtzehn
forty	vierzig	eighty	achtzig
fortnight	vierzehn Tage	(the) eighth	(der) achte
		nine	neun
five	fünf	(the) ninth	(der) neunte
fifteen	fünfzehn	twelve	zwölf
fifty	fünfzig	(the) twelfth	(der) zwölfte

Ein oder zwei Wörter? 55

all right	in Ordnung, ganz recht
in spite of	trotz
later on	später
cannot	kann nicht
another	ein anderer

5. Leicht verwechselbare Vor- und Nachsilben

Die Wortbildung mit Vor- und Nachsilben ist ein unerschöpfliches Gebiet. Um aber auch hier die zur Vermeidung von Fehlern notwendigen Kenntnisse zu vermitteln, werden bei einigen Vorsilben für eine Variante der Schreibung im Rahmen der in der Einleitung dargelegten Beschränkung alle wichtigen Wörter angeführt (di-, des-, pur-), während für die andere, zahlenmäßig größere nur Beispiele gegeben werden (de-, dis-, per-). Bei den Nachsilben kann nur eine Auswahl geboten werden, wobei Wörter, deren deutsche Entsprechung dieselbe Schreibung aufweist (miserable, sensible; distance, elegance, abstinence, correspondence), von vornherein unberücksichtigt bleiben. Für die Unterscheidung wirklich brauchbare Regeln gibt es nicht; nur in wenigen Fällen können gewisse Anhaltspunkte aufgezeigt werden.

Vorsilben 56

de-		**di-**	
z. B.		to digest [d(a)ɪ'dʒest]	verdauen, ordnen
to decide	(sich) entscheiden	to diminish	(sich) vermindern
to deliver	befreien, liefern	to divide	teilen
to devote	weihen, widmen	division	Teilung
		divine	göttlich; Geistlicher
und viele andere		divorce	(Ehe-)Scheidung
		to ∼	scheiden

des-

to descend	herabsteigen, abstammen
descent	Abstieg, Abstammung
to describe	beschreiben
despair	Verzweiflung
desperate	verzweifelt
to despise	verachten
to destine ['destɪn]	bestimmen (für)
to destroy	zerstören
destruction	Zerstörung

dis-

z. B.

disaster [z]	Unglück
disease [z]	Krankheit

und viele andere

(Bei den Wörtern auf des- gehört das **s** eigentlich zur Stammsilbe; im praktischen Gebrauch ist jedoch eine Verwechslung mit dis- möglich.)

ex- [ɪg'z~]

exact	genau
to exaggerate [dʒ]	übertreiben
to exalt [ɔː]	erheben, erhöhen
to examine	prüfen
example	Beispiel
exile ['egzaɪl]	Verbannung
to exist	bestehen, leben

exc- [ɪk's~]

to exceed	überschreiten, übertreten
excellent ['eks~]	ausgezeichnet
except	außer
exception	Ausnahme
excess	Übermaß
to excite	erregen, reizen

(Auch hier gehört das **c** zur Stammsilbe; als Fehlerquelle verdient es Beachtung.)

for- (ver-)

to forbid	verbieten
to forget	vergessen
to forgive	vergeben
to forsake	verlassen

Beachte besonders:

forward	vorwärts

fore- (vor-)

before	(be)vor, vorher
therefore	daher, deshalb
forearm	Unterarm
forecast	(Wetter-)Vorhersage
forefather	Vorfahr
forefinger	Zeigefinger
forefoot	Vorderfuß
foreground	Vordergrund
forehead ['fɔrɪd]	Stirn
to foresee	vorhersehen
foresight	Voraussicht
foreword	Vorwort

per-

z. B.

persist (in)	bestehen (auf)
persuade [pə'sweɪd]	überreden

und viele andere

pur-

(to) purchase ['pɜːtʃəs]	Kauf; kaufen
(to) purpose ['pɜːpəs]	Zweck; beabsichtigen
to pursue [pə'sjuː]	verfolgen, betreiben
pursuit	Verfolgung, Streben (nach)

Nachsilben

-able

Nach **Vokal** *immer* -able:

z. B.

agreeable	angenehm
liable to, for ['laɪ~]	ausgesetzt, verpflichtet (zu)
payable	zahlbar
pitiable	bedauernswert
reliable	zuverlässig
valuable	wertvoll
variable ['veərɪ~]	veränderlich

Andere z. B.:

available	verfügbar
conceivable	denkbar
considerable	beträchtlich
desirable	wünschenswert
eatable	eßbar
favourable	günstig
formidable	furchtbar
hospitable	gastfreundlich
indescribable	unbeschreiblich
indisputable [~'pjʊ~]	unbestreitbar
inevitable [~'e~]	unvermeidlich
innumerable	unzählig
notable	beachtenswert
probable	wahrscheinlich
preferable ['pre~]	vorzuziehen(d)
regrettable	bedauerlich
reputable ['repjʊ~]	ehrbar
suitable	passend

-ible 57

Meist nach **s** (**st**) *und* **c**:

z. B.

accessible	zugänglich
admissible	zulässig
comprehensible	faßlich, begreiflich
forcible	gewaltsam
invincible	unbesiegbar
irresistible	unwiderstehlich
possible	möglich
responsible	verantwortlich
visible	sichtbar
aber: advisable	ratsam

Andere z. B.:

audible	hörbar
convertible [~'vɜː~]	umwandelbar; Kabriolett
credible	glaubhaft
edible	eßbar
horrible	entsetzlich
intelligible	verständlich
terrible	schrecklich

-ance, -ant

z. B.

abundance [ʌ]	Überfluß
abundant	reich(lich)
acceptance	Annahme
acquaintance	Bekanntschaft
admittance	Einlaß, Zutritt
allegiance [ə'liːdʒ~]	Lehnspflicht
allowance	Genehmigung
annoyance	Verdruß
appearance	Erscheinung
assistance	Hilfe, Beistand
assistant	Gehilfe
assurance	Sicherheit, Zuversicht
attendance	Begleitung
attendant	begleitend; Begleiter

-ence (-ency), -ent 58

z. B.

apparent [~'pæ~]	augenscheinlich
beneficence [bɪ'nefɪsns]	Wohltätigkeit
beneficent	wohltätig
confidence	Vertrauen
confident	vertrauend
convenience	Annehmlichkeit
convenient	passend, bequem
currency	Umlauf, Währung
current	Strom; laufend
dependence	Abhängigkeit
dependent	abhängig
diligence [dʒ]	Fleiß
diligent	fleißig
efficiency	Leistungsfähigkeit

circumstance	Umstand
continuance	Fortdauer
descendant	Nachkomme
disturbance	Störung
endurance	Ausdauer
entrance	Eingang
grievance	Mißstand
guidance	Führung
hindrance	Hindernis
inheritance	Erbschaft
insurance	Versicherung
maintenance	Behauptung
observance	Beobachtung
performance	Vorführung
reliance	Vertrauen
resemblance	Ähnlichkeit
resistance	Widerstand
resistant	widerstehend
significance [k]	Bedeutsamkeit
significant	bezeichnend
sustenance [ʌ]	Lebensunterhalt
utterance	Äußerung
valiant	tapfer
vengeance [dʒ]	Rache

efficient	leistungsfähig
experience	Erfahrung
evidence	Beweis, Zeugnis
evident	augenscheinlich
frequency ['fri:~]	Häufigkeit
to frequent [~'kwent]	häufig (besuchen)
insistence (on)	Bestehen (auf)
insistent (on)	bestehend (auf), eindringlich
insolence ['ɪn~]	Frechheit
insolent	frech
obedience	Gehorsam
obedient	gehorsam
occurrence [ə'kʌ~]	Ereignis
precedence [~'si:~]	Vortritt (s. § 77)
precedent ['presɪ~]	Präzedenzfall
prudence	Klugheit
prudent	klug, vorsichtig
sufficiency	Genüge
sufficient	genügend
urgency [dʒ]	Dringlichkeit
urgent	dringend
violence	Gewaltsamkeit
violent	gewaltsam

59 **-or** — **-er, -ar**

Bezeichnungen für *Täter* im weiteren Sinne (Personen, Berufe, z.T. auch Geräte und Instrumente).

Nach **t** *und* **ss** *fast immer* **-or**, *z. B.:*

ancestor ['ænsɪ~]	Vorfahr
conductor	Führer, Dirigent
traitor	Verräter
spectator	Zuschauer
translator	Übersetzer
predecessor	Vorgänger
successor	Nachfolger
aber: interpreter	Dolmetscher

Andere z. B.:

ambassador	Botschafter
bachelor [tʃ]	Junggeselle
chancellor ['tʃɑ:n~]	Kanzler
conqueror	Eroberer
councillor	Ratsherr
counsellor	Ratgeber, Anwalt
governor	Gouverneur
sailor	Seemann
tailor	Schneider
warrior ['wɒ~]	Krieger

-er

z. B.

adviser	Ratgeber
employer	Arbeitgeber
examiner [ɪg'zæmɪnə]	Prüfer
labourer	Arbeiter

und viele andere

-ar

beggar	Bettler
burglar [ɜ:]	Einbrecher
friar	(Bettel)Mönch
liar	Lügner
scholar [sk]	Gelehrter

60

-ize (-ization) (deutsch meist *-ieren*)

ist eine *Endung* (Suffix). Trennt man -ize ab, bleibt meist ein vollständiges Wort, z. B.

to author/**ize**	authorisieren
to character/**ize**	charakterisieren
to central/**ize**	zentralisieren
to civil/**ize**	zivilisieren
to critic/**ize**	kritisieren
to organ/**ize**	organisieren
real/**ize**	realisieren
to special/**ize**	spezialisieren
to symbol/**ize**	symbolisieren

Bei anderen läßt sich -ize *durch eine (oft einsilbige) andere Endung ersetzen*, z. B.

to coloni**ze** (∼y)	kolonisieren
to emphasi**ze** (∼is)	betonen
to fertili**ze** (∼ity)	fruchtbar machen
to recogni**ze** (∼ition)	erkennen
to utili**ze** (∼ity)	nutzbar machen

Außerdem:

to bapti**ze** [∼'taɪz]	taufen

(Zuweilen findet man im britischen Englisch statt -ize auch -ise.)

-ise

ist *untrennbarer Bestandteil* des Wortes. Die wichtigsten Wörter sind:

Verben:

to adverti**se**	anzeigen, inserieren
to advi**se**	raten
to compri**se**	umfassen, einschließen
to despi**se**	verachten
to devi**se**	erdenken, ersinnen
to improvi**se**	improvisieren
to supervi**se**	beaufsichtigen

Zugleich Verben und Substantive:

(to) compromi**se**	Kompromiß; sich vergleichen
(to) disgui**se**	Verkleidung; verkleiden
(to) exerci**se**	Übung; üben
(to) surpri**se**	Überraschung; überraschen

Substantive:

enterpri**se**	Unternehmung
franchi**se**	Wahlrecht
merchandi**se**	(Handels-)Ware

B. Veränderungen in der Wortbildung und Flexion

Durch das Anfügen von Endungen und bei Zusammensetzungen ändert sich häufig der ursprüngliche Wortausgang nach bestimmten Regeln, meistens um den Lautbestand des Grundwortes zu erhalten. Da es hier darum geht, diese Regeln als solche zu erfassen, wird einer übersichtlicheren Darstellung wegen bei Wörtern, die lediglich die Veränderung anschaulich machen sollen, auf die deutsche Erklärung verzichtet.

1. Stummes -e am Wortende

61

Das stumme -e am Wortende

fällt weg vor Endungen, die mit **Vokal** beginnen
(-able, -al, -ance, -ed, -er, -est, -ing, -y und andere).

z. B. to excite – excitable
value – valuable
to arrive – arrival

bleibt vor Endungen, die mit **Konsonant** beginnen, erhalten
(-ful, -less, -ly, -ment, -ness, -some).

z. B. car**e**ful, peac**e**ful
car**e**less, nam**e**less
extrem**e**ly, complet**e**ly

to propose – proposal
to insure – insurance
to resemble – resemblance
to change – changing
to notice – noticing
to issue – issuing
noise – noisy
moved, nobler, nicest

excitement, movement
paleness
awesome, tiresome

Ausnahmen:

1. **-e bleibt nach c und g vor -able und -ous**
   z. B. changeable, courageous, advantageous, noticeable
2. **-ee bleibt vor -ing und -able**
   z. B. seeing, freeing, agreeable
3. canoeing – Kahn fahrend
   dyeing – färbend (to dye)
   queueing – Schlange stehend

Ausnahmen:

to argue – argument		Erörterung, Beweis
awe	– awful	furchtbar
nine	– ninth	(der) neunte
due	– duly	ordnungsgemäß, rechtzeitig
true	– truly	wahrheitsgemäß, aufrichtig
whole	– wholly	ganz, völlig
acknowledg(e)ment		Anerkennung
judg(e)ment		Urteil

2. Auslautendes -y

62 Wird einem auf -y endenden Wort eine Endung gleich welcher Art angefügt, so gilt folgende Regel:

y wird **nach Konsonant** zu **i** **(Kons.-i-Endung).**

z. B.
to cry – cried
to envy – envied-enviable-envious
happy – happier-happily-happiness
likely – likelihood
lively – livelihood
many – manifold
mercy – merciful-merciless
pity – pitiable-pitiless
to try – tried-trial
twenty – twentieth
victory – victorious

y bleibt nach Vokal erhalten **(Vokal-y-Endung).**

z. B.
to play – played-playing-player
gay – gayer-gayest
to enjoy – enjoyed-enjoying

Kons.-y + s wird zu **ies**

z. B. (to) fly – he **flies**; **flies**
to try – he **tries**
lady – lad**ies**
story – stor**ies**
(*aber Namen:* the Morencys, the Henrys)

Vokal-y + s bleibt erhalten

z. B.
ways, keys, boys, joys
essays, monkeys, he enjoys
he buys, he pays, he says

Ausnahmen:

y bleibt nach Konsonant erhalten

1. **vor -ing:** *z. B.* crying, trying
   Beachte: **ie** wird zu **y** vor **-ing**

to die -**dying**	sterbend
to lie -**lying**	liegend; lügend
to tie -**tying**	bindend

2. in: lad**y**like — damenhaft
   bab**y**hood — Säuglingsalter
   und einigen anderen selten gebrauchten Wörtern

3. bei einigen einsilbigen Wörtern:

dry	drier	drily (dryly)	dryness	– trocken
shy	shyer	shyly	shyness	– scheu
sly	slyer	slyly	slyness	– schlau

Ausnahmen:

day	– da**i**ly	täglich
gay	– ga**i**ly	fröhlich; (homosexuell)
	– ga**i**ety	Fröhlichkeit
to lay	– la**i**d	legte, gelegt
to pay	– pa**i**d	zahlte, bezahlt
to say	– sa**i**d	sagte, gesagt

3. Auslautendes -o + s

Auslautendes **o** wird in Verbindung mit **s** zu 63

-oes

to do	– he d**oes**	er tut
to go	– he g**oes**	er geht
buffalo	– buffal**oes**	Büffel
cargo	– carg**oes**	Schiffsladungen
echo	– ech**oes**	Echos
hero	– her**oes**	Helden
mosquito	– mosquit**oes**	Moskitos
motto	– mott**oes**	Wahlsprüche
negro	– negr**oes**	Neger
no	– n**oes**	Neinstimmen
potato	– potat**oes**	Kartoffeln
tomato	– tomat**oes**	Tomaten
tornado	– tornad**oes**	Wirbelstürme
torpedo	– torped**oes**	Torpedos
veto	– vet**oes**	Vetos, Einsprüche

-os

photos	Photos
pianos	Klaviere
radios	Radios
studios	Ateliers, Studios
tobaccos	Tabake

und weitere selten gebrauchte Wörter

4. Auslautendes -f (-fe) + s

Auslautendes **-f (-fe)** wird in Verbindung mit **s** zu 64

-ves

calf	– cal**ves**	Kälber
elf	– el**ves**	Elfen
half	– hal**ves**	Hälften

-fs (**-fes**)

gulf	– gul**fs**	Meerbusen, Schluchten
safe	– sa**fes**	Geldschränke

knife – kni**ves**	Messer	
leaf – lea**ves**	Blätter	
life – li**ves**	Leben	
loaf – loa**ves**	Brote	
sheaf – shea**ves**	Garben	
shelf – shel**ves**	(Bücher-)Regale	
thief – thie**ves**	Diebe	
wife – wi**ves**	Ehefrauen	
wolf – wol**ves**	Wölfe	
-self – -sel**ves**	selbst	

(oof)	hoof – hoo**fs** (-ves)	Hufe
	proof – proo**fs**	Beweise, Proben
	roof – roo**fs**	Dächer
(ief)	chief – chie**fs**	Anführer
	handkerchie**fs**	Taschentücher
(rf)	dwarf – dwar**fs**	Zwerge
	scarf – scar**fs** (-ves)	Halstücher
(ff)	cliff – cli**ffs**	Klippen
	staff – sta**ffs**	Stäbe

5. Verdoppelung von Endkonsonanten

65 Vor **vokalisch anlautenden Endungen** *(-ed, -ing, -er, -est, -able, -ous, -ance, etc.)* wird ein **einfacher End**konsonant verdoppelt,

1. wenn der vorhergehende Vokal **einfach (a, e, i, o, u), kurz** und **betont** ist.

z. B.

to admit	– admi**tt**ed-admi**tt**ing-admi**tt**ance
to beg	– be**gg**ed-be**gg**ing-be**gg**ar
hot	– ho**tt**er-ho**tt**est
to plan	– pla**nn**ed-pla**nn**ing
to regret	– regre**tt**ed-regre**tt**able
to stop	– sto**pp**ed-sto**pp**ing

Beachte die Verdoppelung nach Nebenton bei:

to handicap	– handica**pp**ed-handica**pp**ing
to kidnap	– kidna**pp**ed-kidna**pp**er
to worship	– worshi**pp**ed-worshi**pp**er

(Im Am. bei kidnap *und* worship *keine Verdoppelung)*

aber:

to come-co**m**ing *(nicht Endkonsonant)*

gàllo**p**ed, devèlo**p**ed, gòssi**p**ing, abàndo**n**ed, bènefi**t**ed, pròfi**t**able *(vorherg. Vokal nicht betont)*

woo**d**en, loo**k**ed, swea**t**ing, floo**d**ed *(kein einfacher Vokal)*

Beachte: buses *(Am. auch* busses)

2. **r** wird verdoppelt nach **einfachem, betontem Vokal.**

z. B.

to bar	-ba**rr**ed-ba**rr**ing
to occur	-occu**rr**ed-occu**rr**ing-occu**rr**ence
to prefer	-prefe**rr**ed-prefe**rr**ing
to stir	-sti**rr**ed-sti**rr**ing

aber:

to prepare-prepa**r**ing *(nicht Endkonsonant)*
to stare-sta**r**ing

sùffe**r**ed, cònque**r**ed, òffe**r**ed *(vorherg. Vokal nicht betont)*

repai**r**ed, pou**r**ed *(kein einfacher Vokal)*

Beachte: -fe**r**ence, -fe**r**able
prèference, prèferable,
rèference, rèferable
cònference, trànsferable
(Ausnahme: confèrrable)

3. **l** wird nach **einfachem** Vokal immer verdoppelt.
(Im Am. aber nur nach einfachem und betontem Vokal)

z. B.

to control	– control**l**ed-control**l**ing-control**l**er
to duel (du-el)	– duel**l**ed-duel**l**ing-duel**l**ist
to travel	– travel**l**ed-travel**l**ing-travel**l**er
to quarrel	– quarrel**l**ed-quarrel**l**ing
to rebel	– rebel**l**ed-rebel**l**ious-rebel**l**ion
jewel	– jewel**l**er-jewel(**le**)ry
marvel	– marvel**l**ous

aber:

sailed, failed, boiled, cooler
(kein einfacher Vokal)
(*Ausnahme:* wool-woollen)
parallel-paralleled
peril-perilous

Keine Verdoppelung vor:

-ic *z. B.*	angelic
-ish	devilish
-ism	liberalism
-ist	royalist, novelist
-ity	totality
-ize	equalize

Ausnahmen: duel**l**ist, metal**l**ic

Amerikanisch:
traveled, traveler, quarreling, marvelous, woolen

6. ll in Zusammensetzungen

ll wird in Zusammensetzungen meistens zu **l**, vor allem bei *all* und *full.* 66

all

a**l**most	fast
a**l**ready	schon
a**l**so	auch
a**l**though [– ˊ]	obgleich
a**l**together	gänzlich
a**l**ways	immer

aber:

a**ll** right	ganz recht, in Ordnung
a**ll** together	alle zusammen

full

z. B.
beautifu**l**
handfu**l**
successfu**l**
wonderfu**l**

ski**l**fu**l** (Am. skillful)	geschickt
to fu**l**fi**l** (Am. fulfill)	erfüllen

well

we**l**come	willkommen
we**l**fare	Wohlfahrt

aber:

farewe**ll**	lebe wohl!
we**ll**-known	wohlbekannt

ti**ll**	bis
unti**l** [– ˊ]	bis

C. Einige Besonderheiten der Schreibung

In den nachstehenden Abschnitten werden Besonderheiten der Schreibung, soweit möglich, nur im Hinblick auf die wichtigsten Fehlerquellen behandelt.

1. Großschreibung

67 Im Englischen werden **Namen aller Art** (einschließlich der Namen der Wochentage und Monate) mit großen Anfangsbuchstaben geschrieben. Zur Vermeidung von Fehlern beachte vor allem:

1. **Titel und Verwandtschaftsbezeichnungen**

   in Verbindung mit Namen: **Q**ueen Elizabeth, Elizabeth the **S**econd, **A**dmiral Nelson, the **A**rchbishop of Canterbury, **S**ir Winston Churchill, **P**rofessor Smith, **U**ncle John;

   auch ohne Namen, wenn sie in bezug auf bestimmte Personen gebraucht werden: the **Q**ueen, the **K**ing, the **P**resident, the **P**rime **M**inister, the **P**ope, the **B**ishop, **F**ather (im Sinne von ‚Vati'‘);

   aber: once there lived a **k**ing; several **b**ishops were present; his **f**ather is a teacher; yes, **s**ir;

2. **Religiöse Bezeichnungen** und **offizielle Namen** für politische und ähnliche Einrichtungen:

   God, the **L**ord, the **B**ible, **P**aradise, **H**eaven, **H**ell; the **U**nited **K**ingdom, the **H**ouse of **C**ommons, **C**ongress, **M**ember of **P**arliament, the **L**abour **P**arty, the **R**oyal **S**ociety of **A**rts;

3. **Himmelsrichtungen zur Bezeichnung von Gebieten:**

   the **W**est, the **W**estern States (of the U. S. A.), the **F**ar **E**ast,
   aber: France is **w**est of Germany;

4. **Adjektive, die von Eigennamen abgeleitet sind:**

   English, **G**erman, **A**merican, **F**rench, **E**uropean, **E**lizabethan, **R**oman **C**atholic,
   auch: un-**E**nglish, anti-**A**merican;

5. **Überschriften und Buchtitel:**

   Eindeutige Regeln für die Großschreibung gibt es nicht. Meistens werden die wichtigsten Wörter (vor allem Substantive, Adjektive und Zahlwörter) oder auch alle Wörter mit Ausnahme von *a, an, the, and, or* und anderen mit weniger als vier Buchstaben (z. B. Präpositionen) groß geschrieben:
   A **F**arewell to **A**rms, A **S**hort **H**istory of the **W**orld, The **T**wo **G**entlemen of **V**erona, **A**s **Y**ou **L**ike **I**t, She **S**toops to **C**onquer, For **W**hom the **B**ell **T**olls;
   New **R**ivals for **O**xford and **C**ambridge, **L**ife in a **C**onstitutional **M**onarchy;
   (Oft werden auch alle Wörter klein geschrieben, außer Namen und dem ersten Wort.)

6. **Briefe:**

   Dear Bernard, **T**hank **y**ou very much for **y**our letter ....
   again many thanks,
   Yours sincerely,

2. Zusammenziehungen

Zusammenziehungen (Kurzformen, *contractions*) werden *nur in persönlichen Briefen oder bei der Wiedergabe direkter Rede geschrieben.* (Im gesprochenen Englisch dagegen werden fast immer Kurzformen verwendet.) 68

not	am, is, are	have, has	had, would	will (shall)
isn't	I'm	I've	I'd	I'll
aren't	you're	you've	you'd	you'll
don't	he's	he's	he'd	he'll
doesn't	she's	she's	she'd	she'll
didn't	it's ('tis)	it's		it'll
hasn't	we're	we've	we'd	we'll
haven't	they're	they've	they'd	they'll
can't (cannot)	who's	who's		
shan't (shall not)				
won't (will not)				

3. Bindestrich

Für den Gebrauch des Bindestrichs lassen sich nur schwer eindeutige Regeln aufstellen. Seine Verwendung ist bei den einzelnen englischen Autoren und Verlagen nicht einheitlich, die Unterschiede zwischen britischem und amerikanischem Englisch sind erheblich. Die Tendenz moderner Schriftsteller, besonders in Amerika, geht dahin, den Bindestrich nach Möglichkeit zu vermeiden und statt dessen zwei Wörter oder ein Wort ohne Bindestrich zu schreiben. "*The hyphen is not an ornament but an aid to being understood, and should be employed only when it is needed for that purpose.*" (Fowler, A Dictionary of English Usage, Oxford 1965, p. 255). Im folgenden werden daher nur einige wichtigere, meistens mit Bindestrich geschriebene Wörter, sowie ein paar einigermaßen brauchbare Regeln angeführt. 69

1. **Zusammensetzungen mit Vorsilben** (die mit einem Sternchen versehenen sind im Amerikanischen ein Wort):

anti-imperialist	Gegner des Imperialismus	non-smoker*	Nichtraucher(abteil)
		non-stop*	ohne Stop
by-election	Nachwahl	to re-elect*	wiederwählen
by-product	Nebenprodukt	to re-enter*	wiedereintreten
to co-operate (*auch:* to cooperate)	zusammenarbeiten	to re-establish*	wiedereinrichten
		self-control	Selbstkontrolle
cross-examination	Kreuzverhör	self-government	Selbstregierung
ex-soldier	ehem. Soldat	self-respect	Selbstachtung
ex-president	ehem. Präsident	vice-president	Vizepräsident

Außerdem: anti-English, un-English, pro-French, Anglo-Saxon

2. **Zwei (oder mehr) Wörter bilden einen Begriff:**

a) **Substantive aus Gerundium + Substantiv;** das Gerundium gibt dabei meistens den Zweck an *(im Am. zwei Wörter ohne Bindestrich):* walking-stick, swimming-suit, dining-room, boarding-house *(neuerdings auch im Brit. Englisch zunehmend ohne Bindestrich);*

b) **Substantive aus mehreren Wörtern:** commander-in-chief, forget-me-not, father-in-law, merry-go-round;

c) **Substantive aus Verb + Präposition:** make-up, knock-out, worn-out, looker-on, passer-by;

d) **Attribut aus mehreren Wörtern:** a never-to-be-forgotten occasion, a ten-year-old boy, a ten-minute walk, a five-pound note;

e) **Adjektive aus zwei Adjektiven oder Substantiv + Adjektiv:** (a) light-blue (hat), red-hot, brand-new, sky-blue;

f) **Adjektive aus Bestimmungswort + Wort auf -ed oder Partizip** *(im Am. oft ein Wort):* broad-shouldered, old-fashioned, absent-minded, good-looking, well-known (*aber:* he is well known), a well-acted play, (*aber:* the play was well acted);

g) **Zahlen:** twenty-one *bis* ninety-nine, three twenty-fourths.

In den übrigen Zusammensetzungen von Substantiv + Substantiv, Adjektiv + Substantiv usw. ist der **Bindestrich** (zumindest in den neueren Wörterbüchern) i. allg. **entfallen**, so daß sich in etwa folgende Tendenz ergibt:

Zusammensetzungen, die **im täglichen Leben häufig** gebraucht werden und **nur eine betonte Silbe** (meist die erste ˊ— —) haben, werden als **ein Wort** (ohne Bindestrich) geschrieben:

bedroom, postcard, notebook, raincoat, cupboard, teapot, hairbrush, handbag, banknote, suitcase, matchbox, today etc.

Zusammensetzungen, die **weniger gebräuchlich** sind oder **längere Bestandteile** bzw. **mehr als eine betonte Silbe** (z. B. schwebende Betonung ˊ— ˊ—) haben, werden in **zwei Wörtern** (ohne Bindestrich) geschrieben:

telephone booth, market research, insurance policy, football team, police forces, weather forecast, language laboratory, school television, taxi driver, woman teacher, civil war, boy cousin, trade union etc.

Oft bezeichnet das Bestimmungswort das Material: steel chain, leather boots, silver spoon, paper bag, cotton pants etc.

Kein Bindestrich ferner bei

1. Eigennamen: Buckingham Palace, Hyde Park Corner;
2. Substantiv + nachgestelltem Adjektiv: governor general.

4. Silbentrennung

70 Die Silbentrennung ist im Englischen sehr kompliziert; es empfiehlt sich daher, möglichst wenig zu trennen. Ist eine Trennung aber unvermeidlich, können einige Richtlinien weiterhelfen.

Trenne nicht einsilbige Wörter (house, stopped) oder Wörter, bei denen ein einzelner Vokal abgeschnitten würde (alone, enough)!

Für die Trennung hat zunächst eine wichtige Regel Vorrang:

Ein **kurzer betonter** (oder auch nur einen Nebenton tragender) **Vokal zieht noch einen Konsonanten zur ersten Trennungssilbe** (ch, ph, sh, th, tch gelten als ein Konsonant):
betont: re**g**-ular, ne**c**-essary, co**l**-our, mo**th**-er, go**v**-ern, pro**b**-lem, demò**c**-racy (aber: demo-cràtic),
Nebenton: de**l**-egation, pre**p**-osition, re**c**-ommend.

Danach gilt: **l und r ziehen einen vorhergehenden Konsonanten zur zweiten Trennungssilbe:** ta-**bl**e, ha-**tr**ed, resem-**bl**ance, (*Ausn.:* Nach kurzem betontem Vokal: prob-lem).

Im übrigen trenne nach **Wortbestandteilen**

a) bei **Zusammensetzungen:** an-other, be-tween, wher-ever, up-on, tooth-brush, cup-board

b) bei **Vorsilben:** de-spise, dis-appear, ex-citement, in-stead (*Ausn.:* Nach kurzem betontem Vokal; siehe oben!)

c) bei **Nachsilben und Flexionsendungen;** i. allg. erscheint dabei der Stamm des Grundwortes wieder. (Stummes e am Wortende bleibt unbeachtet; durch Anhängen einer Endung entstandene Doppelkonsonanz wird getrennt.)
disturb-ance, arriv-al, desir-able, fish-es, church-es, call-ing, big-ger, shop-ping
(*Ausn:* 1. Wenn die Betonung anders ist als im Grundwort: òrigin, orìgi-nal, to admìre, àdmi-rable,
2. l und r nach obiger Regel: resem-blance)

Für die Trennung nach **Sprechsilben** gilt:

a) **Zwei Vokale,** die zu verschiedenen Silben gehören, **werden getrennt:** cru-el, re-al

b) **Ein Konsonant geht zur folgenden Silbe** (ch, ph, sh, th, tch gelten als ein Konsonant): na-ture, melo-dy, fa-ther, ma-chine. (*Ausn.:* Nach kurzem betontem Vokal: col-our, gov-ern)

c) **Zwei Konsonanten werden getrennt:** but-ter, mon-key, sis-ter, mas-ter
(*Ausn.:* 1. l und r nach obiger Regel: ta-ble, ha-tred,
2. ck und x bleiben bei der ersten Silbe: pock-et, lux-ury)

d) Bei der Trennung von **drei Konsonanten** treten der zweite und dritte zusammen, wenn sie auch zusammen im Anlaut eines Wortes stehen könnten: mon-ster, indus-try, an-swer. Sonst bleiben der erste und zweite zusammen: emp-ty, part-ner.

5. Gebrauch des Kommas

Für den Gebrauch des Kommas gibt es eine Reihe mehr oder weniger fester Regeln, die von 71
der deutschen Zeichensetzung abweichen. Im Gegensatz zum Deutschen **steht das Komma** z. B.

vor der kurzen direkten Rede statt eines Doppelpunktes
He said, 'I can't come.'
und **nach der Anrede im Brief** statt eines Ausrufungszeichens
Dear Bernard, Thank you for your letter .....

Wichtiger sind die Fälle, in denen im Gegensatz zum Deutschen das Komma n i c h t steht. Das Einsetzen eines Kommas kommt hier einem Fehler im Satzbau gleich, da es syntaktisch Zusammengehöriges auseinanderreißt.

Kein Komma steht

1. **vor und nach notwendigen Relativsätzen** (§ 104) und Partipialkonstruktionen, die solche Sätze vertreten (§ 116):
   The only person who lived in the house was an old woman.
   The only person living in the house was an old woman.
   Where is the book (that) I bought yesterday?
2. **vor Subjekt- und Objektsätzen** (d. h. Sätzen, die an Stelle eines Subjektes oder Objekts stehen):
   It was not known who the beggar was.
   He said that he was ill.
   They told us that they could not come.
   I asked him if he had anything to say.
   He did not know what he should do.
3. **vor Infinitiven** (§ 113, 114) und **Gerundialkonstruktionen** (§ 115):
   He did not know what to do.
   The teacher allowed him to go home.
   He entered the room without seeing me.
   Shut the door before leaving the room!
4. (meist) **vor nachgestellten Adverbialsätzen** (vgl. z. B. § 119):
   I'll speak to him when I come back.

6. Gebräuchliche Abkürzungen

72	a. m. (am)	*ante meridiem*	before noon	vormittags
	p. m. (pm)	*post meridiem*	after noon	nachmittags
	e. g. (eg)	*exempli gratia*	for instance for example	z. B.
	i. e. (ie)	*id est*	that is	d. h.
	etc. (etc)	*et cetera*	and so on	usw.
			(eine Abkürzung 'aso.' gibt es nicht!)	
	viz. (viz)	*videlicet*	namely	nämlich
	c/o		care of	per Adresse; bei
	cf. (cf)	*confer*	compare (cp)	vgl.
	PTO (pto)		please turn over	bitte wenden; b. w.
	No (no)		number	Nr.
	NB	*nota bene*	note carefully	merke wohl
	PS	*postscriptum*	postscript	Nachschrift
	BC		before Christ	v. Chr.
	AD	*anno Domini*	in the year of the Lord	n. Chr.
	p		penny, pence	Penny (heutige Währung)
	(d	*denarius*	penny, pence	Penny alter Währung)
	(s	*solidus*	shilling(s)	Schilling alter Währung)
	£	*libra*	pound(s)	Pfund (Sterling)

Maße und Gewichte:

in	inch(es)	Zoll (2,54 cm)
ft	foot, feet	Fuß (30,48 cm)
yd	yard(s)	Yard (91,44 cm)
oz	ounce(s)	Unze (28,35 g)
lb	pound(s)	Pfund (453,59 g)
cwt	hundredweight(s)	(Br. 50,8 kg, Am. 45,36 kg)
mph	miles per hour	Meilen pro Stunde

Titel:

BA	Bachelor of Arts	unterer Universitätsgrad der phil. Fakultät
BS(c)	Bachelor of Science	unterer Universitätsgrad der naturwiss. Fakultät
MA	Master of Arts	höherer Universitätsgrad der phil. Fakultät
MD	Doctor of Medicine	Dr. med.
PhD	Doctor of Philosophy	Dr. phil.
LLD	Doctor of Laws	Dr. jur.
Esq. (Esq)	Esquire	Wohlgeboren (bei Briefadressen)
Rev. (Rev)	Reverend	Ehrwürden (Titel und Anrede bei Geistlichen)

Andere Abkürzungen:

UK	United Kingdom (Great Britain + Northern Ireland)		
GB	Great Britain (England, Scotland, Wales)		
HM	Her Majesty	ER	Elisabeth Regina, Queen Elisabeth
ER	Elizabeth Regina, Queen Elizabeth		
PM	Prime Minister		
MP	Member of Parliament		
TU	Trade Union	TUC	Trades Union Congress
RAF	Royal Air Force	RN	Royal Navy
UNO	United Nations Organisation		
NATO	North Atlantic Treaty Organisation		
EEC	European Economic Community (the Common Market)		
USSR	Union of Soviet Socialist Republics		
SALT	Strategic Arms Limitation Talks		
OPEC	Organisation of Petroleum Exporting Countries		
CSCE	Conference for Security and Cooperation in Europe		
IRA	Irish Republican Army		
BBC	British Broadcasting Corporation		
BFBS	British Forces Broadcasting Service		
GMT	Greenwich Mean Time	BST	British Summer Time
CET	Central European Time		
Ltd	Limited (GmbH)		
VAT	Value Added Tax (MwSt)		

(Abkürzungen aus Großbuchstaben werden im brit. Englisch jetzt meist ohne Punkte geschrieben; bei anderen Abkürzungen ist der Gebrauch der Punkte nicht eindeutig.)

III.

WORTWAHL

Zu den schwersten Fehlern im Gebrauch einer Fremdsprache gehören Verstöße gegen die Wortwahl, die den Sinn einer Aussage verändern oder gar ganz aufheben können. Ziel des Lernenden muß es daher sein, den eigenen aktiven Wortschatz ständig zu erweitern und sich die spezifische Bedeutung vor allem ähnlicher Wörter bewußt zu machen.

A. Homonyme

Unter der Bezeichnung *Homonyme* werden drei Gruppen von Wörtern zusammengefaßt, die sich in ihrer Lautung und Schreibung oder nur in einem gleichen, in ihrer Bedeutung aber voneinander abweichen. Ihre Kenntnis ist deshalb nicht nur für die Wortwahl, sondern auch für die Aussprache und mehr noch für die Rechtschreibung wichtig.

1. Wörter gleicher Lautung, aber verschiedener Schreibung und Bedeutung (Homophones)

73

1 [ɑːmz]	alms	Almosen
	arms	1. Arme 2. Waffen
2 [aɪ]	ay(e)	ja, Ja-Stimme
	eye	Auge
	I	ich
3 [aɪdl]	idle	müßig, unnütz
	idol	Abgott
4 [ˈaʊə]	hour	Stunde
	our	unser
5 [baɪ]	buy	kaufen
	by	durch, von, bei
	by-	Neben-, Bei-
	good-bye	lebe wohl!
6 [baʊ]	bough	Ast, Zweig
	bow	1. sich verbeugen, Verbeugung 2. Schiffsbug
7 [bæd]	bad	schlecht, böse
	bade	von 'to bid' = gebieten
8 [ˈbærən]	baron	Baron
	barren	unfruchtbar
9 [ˈberɪ]	berry	Beere
	bury	begraben
10 [beə]	bare	bloß; entblößen
	bear	1. tragen, gebären 2. Bär
11 [beɪs]	base	Basis; gründen
	bass	Baß
12 [biː]	be	sein
	bee	Biene
13 [biːtʃ]	beach	Strand
	beech	Buche
14 [bluː]	blew	von 'to blow' = blasen
	blue	blau
15 [bɔːd]	board	Brett, Behörde, Kost; beköstigen
	bored	von 'to bore' = bohren, langweile
16 [bred]	bread	Brot
	bred	von 'to breed' = züchten, aufziehen
17 [breɪk]	brake	Bremse
	break	brechen; Bruch, Pause
18 [ˈbrɪtn]	Britain	Britannien
	Briton	Brite
19 [daɪ]	die	1. sterben 2. Würfel
	dye	Farbstoff, färben
20 [dæm]	dam	Damm; dämmen
	damn	verdammen
21 [dɪə]	dear	teuer, lieb
	deer	Rotwild
22 [dɪˈsent]	descent	Abstieg, Abstammung
	dissent	nicht übereinstimmen; abweichende Meinun

23 [dɪ'zɜ:t]	desert	1. verlassen (Verb) 2. Verdienst
	dessert	Nachtisch
24 [dju:]	dew	(der) Tau
	due	schuldig, gebührend
25 [drɑ:ft]	draft	Entwurf, Skizze; entwerfen
	draught	Zug(luft), Schluck
26 [eə]	air	1. Luft 2. Miene, Aussehen
	heir	(der) Erbe
27 [ə'laʊd]	allowed	von 'to allow' = erlauben
	aloud	laut
28 [ə'ləʊn]	alone	allein
	a loan	eine Anleihe, ein Darlehen
29 [ə'sent]	ascent	Aufstieg
	assent	Zustimmung; zustimmen
30 ['fɑ:ðə]	farther	weiter
	father	Vater
31 [faʊl]	foul	schmutzig, gemein
	fowl	Geflügel
32 [feə]	fair	1. schön, anständig, blond 2. Jahrmarkt, Messe
	fare	Fahrgeld, Kost
33 [fɜ:]	fir	Tanne, Fichte
	fur	Pelz
34 [fi:t]	feat	Heldentat, Kunststück
	feet	Füße
35 ['flaʊə]	flour	(feines) Mehl
	flower	Blume
36 [flɔ:]	flaw	Sprung, Riß, Fehler
	floor	Fußboden, Stockwerk
37 ['fɔ:məlɪ]	formally	formal, förmlich
	formerly	früher
38 [fɔ:t]	fort	Festungswerk
	fought	von 'to fight' = kämpfen
39 [fɔ:θ]	forth	hervor, fort, weiter
	fourth	der vierte
40 [gri:s]	grease	Fett, Schmiere
	Greece	Griechenland
41 [grəʊn]	groan	stöhnen; Stöhnen
	grown	von 'to grow' = wachsen
42 ['haɪə]	higher	von 'high' = hoch
	hire	mieten, dingen
43 [heə]	hair	Haar
	hare	Hase
44 [hɜ:d]	heard	von 'to hear' = hören
	herd	Herde
45 [hi:l]	heal	heilen
	heel	Ferse, Hacken
	he'll	he will (shall)
46 [hɪə]	hear	hören
	here	hier
47 [hɪm]	him	ihm, ihn
	hymn	Hymne
48 [həʊl]	hole	Loch
	whole	ganz, heil
49 ['həʊlɪ]	holy	heilig
	wholly	gänzlich
50 [hɔ:s]	hoarse	heiser
	horse	Pferd
51 [ɪn]	in	(Präposition)
	inn	Gasthaus
52 [ki:]	key	Schlüssel, Taste
	quay	Kai, Ufermauer
53 [kɔ:s]	coarse	grob, rauh
	course	Lauf, Kursus
54 [kɔ:t]	caught	von 'to catch' = fangen
	court	Hof; Gerichtshof
55 [leɪn]	lain	von 'to lie' = liegen
	lane	Gasse, Weg
56 [led]	lead	Blei
	led	von 'to lead' = führen
57 ['lesn]	lessen	vermindern
	lesson	Unterrichtsstunde, Lektion
58 ['maɪnə]	miner	Bergmann
	minor	kleiner, geringer
59 ['mænə]	manner	Art, Weise
	manor	Herrenhaus
60 [meɪd]	made	von 'to make' = machen
	maid	Mädchen
61 [meɪl]	male	männlich
	mail	Post
62 [mi:t]	meat	Fleisch (als Speise)
	meet	begegnen

63	['mi:tə]	meter	Zähler, Messer (Gas-)
		metre	Meter, Versmaß
64	[mɪst]	missed	von 'to miss' = verfehlen, verpassen
		mist	Nebel
65	[məʊn]	moan	stöhnen; Stöhnen
		mown	von 'to mow' = mähen
66	['mɔ:nɪŋ]	morning	Morgen, Vormittag
		mourning	Trauer, trauernd, (von 'to mourn')
67	[naɪt]	knight	Ritter
		night	Nacht, Abend
68	[nʌn]	none	keine(r)
		nun	Nonne
69	[nju:]	knew	von 'to know' = wissen
		new	neu
70	[nəʊ]	know	kennen, wissen
		no	kein; nein
71	[nəʊz]	knows	von 'to know' = wissen
		noes	Nein-Stimmen
		nose	Nase
72	[nɔ:]	gnaw	(zer)nagen
		nor	auch nicht; noch
73	[nɒt]		Knoten
		not	nicht
74	[ɔ:]	awe	Ehrfurcht (einflößen)
		oar	Ruder; rudern
		or	oder
		ore	Erz
75	['ɔ:ltə]	altar	Altar
		alter	(sich) (ver)ändern
76	[pɑ:st]	passed	von 'to pass' = vorübergehen
		past	vergangen; Vergangenheit
77	[peɪl]	pail	Eimer
		pale	blaß, bleich
78	[peɪn]	pain	Schmerz; peinigen
		pane	(Fenster-)Scheibe
79	[peə]	pair	Paar
		pear	Birne (Frucht)
80	[pi:s]	peace	Frieden
		piece	Stück

81	[pɪə]	peer	1. Mitgl. d. H. of Lords 2. gucken, spähen
		pier	Hafendamm, Kai
82	[pleɪn]	plain	flach, einfach; Ebene
		plane.	ebene Fläche; eben; Flugzeug
83	[pəʊl]	pole	1. Pol 2. Pfahl, Stange
		Pole	Pole
		poll	Abstimmung; stimmen (bei einer Wahl)
84	[pɔ:z]	pause	Pause; innehalten
		paws	Plur. von 'paw' = Pfote
		pours	von 'to pour' = gießen
85	[preɪ]	pray	beten, bitten
		prey	Beute (machen)
86	[preɪz]	praise	loben; Lob
		prays	von 'to pray' = beten
		preys	von 'to prey' = Beute machen
87	['prɪnsəpl]	principal	hauptsächlich; Chef
		principle	Grundsatz
88	[raɪt]	right	recht; Recht
		rite	Ritus, Brauch
		-wright	-macher
		(playwright	Dramatiker)
		write	schreiben
89	[reɪn]	rain	Regen; regnen
		reign	Regierung(szeit); herrschen
		rein	Zügel; zügeln
90	[reɪz]	raise	erheben, aufrichten, aufziehen
		rays	Plur. von 'ray' = Strahl
91	[red]	read	von 'to read' = lesen
		red	rot
92	[rɪŋ]	ring	1. Ring, Kreis 2. läuten, klingeln
		wring	(ent)winden, (aus)wringen
93	[rəʊd]	road	(Land-)Straße
		rode	von 'to ride' = reiten
		rowed	von 'to row' = rudern

94	[rəʊz]	rose	1. Rose 2. von 'to rise' = sich erheben
		rows	Plur. von 'row' = Reihe
95	[rɔ:]	raw	roh, rauh
		roar	brüllen; Gebrüll
96	[saɪd]	side	Seite
		sighed	von 'to sigh' = seufzen
97	[saɪt]	cite	anführen, zitieren
		sight	Anblick, Sicht; sichten
		site	Lage, (Bau-)Platz
98	[saɪz]	sighs	von 'to sigh' = seufzen
		size	Größe, Umfang
99	[sʌm]	some	irgendein, etwas, einige
		sum	Summe; rechnen
100	[sʌn]	son	Sohn
		sun	Sonne
101	[seɪl]	sail	Segel; segeln
		sale	(Aus-)Verkauf
102	[sel]	cell	Zelle
		sell	(sich) verkaufen
103	['selə]	cellar	Keller
		seller	Verkäufer
104	[sent]	cent	Cent (Am. Münze)
		scent	Geruch, Duft; wittern
		sent	von 'to send' = schicken
105	[si:]	sea	Meer
		see	sehen
106	[si:m]	seam	Naht
		seem	scheinen
107	[si:n]	scene	Schauplatz, Szene
		seen	von 'to see' = sehen
108	[si:z]	seas	Plur. von 'sea'
		sees	von 'to see' = sehen
		seize	ergreifen, packen
109	[sleɪ]	slay	erschlagen
		sleigh	(im) Schlitten (fahren)
110	[səʊ]	so	so, also, daher
		sow	(aus)säen
		sew	nähen
111	[səʊl]	sole	1. alleinig, einzig 2. Sohle, besohlen
		soul	Seele
112	[sɔ:]	saw	1. von 'to see' = sehen 2. sägen; Säge
		soar	schweben, s. aufschwingen
		sore	wund(e Stelle)
113	[sɔ:s]	sauce	Tunke, Soße
		source	Quelle, Ursprung
114	[sɔ:t]	sort	Sorte, Art
		sought	von 'to seek' = suchen
115	[steɪk]	stake	Pfahl, (Spiel-)Einsatz, aufs Spiel setzen
		steak	Fleischschnitte
116	[steə]	stair	Treppenstufe
		stare	starren
117	[sti:l]	steal	stehlen
		steel	Stahl
118	[taɪd]	tide	Gezeit(en), Flut
		tied	von 'to tie' = binden
119	[teɪl]	tale	Erzählung
		tail	Schwanz
120	[treɪ]	trait	(Charakter-)Zug
		tray	Tragbrett, Tablett
121	[tu:]	too	(all)zu, auch
		two	zwei
122	[ðeə]	their	ihr
		there	da, dort(hin)
123	[θrəʊn]	throne	Thron
		thrown	von 'to throw' = werfen
124	[θru:]	threw	von 'to throw' = werfen
		through	durch
125	[veɪn]	vain	vergeblich, nichtig
		vein	Ader, Neigung
126	[wʌn]	one	ein, einer, eins
		won	von 'to win' = gewinnen
127	[weɪ]	way	Weg, Art und Weise
		weigh	wiegen, (ab)wägen
128	[weɪst]	waist	Taille
		waste	wüst; Einöde; verschwenden, verwüsten

129 [weɪt]	wait	warten, bedienen	133 [wɪtʃ]	which	welcher, der, was
	weight	Gewicht, Wichtigkeit		witch	Hexe
130 [ˈweðə]	weather	Wetter	134 [wɔː]	war	Krieg
	whether	ob		wore	von 'to wear' = tragen
131 [weə]	ware	Ware	135 [wɔːn]	warn	warnen
	wear	(an sich) tragen, Kleidung		worn	von 'to wear' = tragen
	where	wo, wohin	136 [wʊd]	wood	Wald, Holz
132 [wiːk]	weak	schwach		would	von 'will' = wollen
	week	Woche			

2. Wörter gleicher Lautung und Schreibung, aber verschiedener Bedeutung (Homonyms)

74 Die unter den Homophones (§ 73) angeführten und an den Ziffern kenntlichen Homonyms werden hier nicht wiederholt. Etymologische Verwandtschaft der Wörter bleibt unbeachtet.

arch	Bogen, Gewölbe	Erz- ('archbishop' Erzbischof)
ball	Ball, Kugel	Ball, Tanzgesellschaft
bank	(Fluß-)Ufer, Sandbank	Bank(haus)
	Merke: (Sitz-)Bank = bench	
bark	bellen	Rinde
blow	Schlag	blasen
bore	von 'to bear' = tragen	bohren; langweilen; Plage
bound	1. von 'to bind' = binden	3. Grenze; begrenzen
	2. bound for = (Schiff) bestimmt nach	4. (hoch)springen; Sprung
bowl [əʊ]	Schale, Schüssel	Holzkugel; Kugel werfen, rollen
box	Schachtel, Dose	boxen; Schlag
cape	Kap, Vorgebirge	Umhang
case	Kasten, Schachtel	Fall, Sache
counter	Ladentisch, Zähler	Gegen- ('counterpoison' Gegengift)
cricket	Kricket	Grille
fine	fein, schön	Geldstrafe; mit Geldstrafe belegen
fit	passen(d)	Anfall, Anwandlung
flight	Flug	Flucht
found	von 'to find' = finden	gründen
grave	Grab	ernst, würdig
ground	Boden, Platz	von 'to grind' = mahlen
kind	freundlich, gütig	Art, Gattung
last	(zu)letzt	dauern
lean	(sich) (an)lehnen	mager
leave	verlassen, zurücklassen	Erlaubnis, Urlaub, Abschied
left	von 'to leave' = verlassen	link(s)
lie	liegen	lügen; Lüge ('liar' Lügner)
light	Licht; hell; anzünden, leuchten	leicht
lighten	blitzen, aufhellen, (sich) erhellen	leichter machen, ~ werden
lighter	Feuerzeug	leichter
like	gleich, wie	lieben, gern haben

long	lang(e)	sich sehnen (nach = for)
march	März (March)	Marsch; marschieren
mass [æ]	Masse	(kirchl.) Messe (Mass)
match	Zündholz	Wettspiel; Gleich(wertig)es, Passendes, Heirat; passen zu, verheiraten mit
meal	Mahl(zeit)	(grobes) Mehl
mean	meinen, bedenken; beabsichtigen	gemein, niedrig
this means	dies bedeutet	dieses Mittel
might	möchte, könnte, dürfte	Macht, Gewalt
mine	der (die, das) meine	Bergwerk
miss	Fräulein	verfehlen, vermissen
porter	Gepäckträger	Portier
post	1. Post; zur Post geben	2. Posten, Stelle; 3. Pfosten
present	Gegenwart; gegenwärtig, anwesend	Geschenk
race	Lauf, Wettrennen	Rasse, Stamm
rear	aufrichten, (auf)ziehen, züchten	Rückseite, Nachhut (rearguard)
rent	Miete; Pacht; (ver)mieten	von 'to rend' = zerreißen
rest	Ruhe, Rast; ruhen	Rest, das übrige
rock	Felsen	schaukeln
scale	(Waag-)Schale	Skala, Maßstab
shed	vergießen	Schuppen
soil	Erdboden	beschmutzen; Schmutz(fleck)
sound	Laut, Ton; tönen	gesund, stark
spell	buchstabieren	Zauber(spruch)
step	Schritt, Stufe	Stief-('stepmother' Stiefmutter)
stern	ernst, streng	(Schiffs-)Heck
story	Geschichte, Erzählung	Stockwerk (auch 'storey')
swallow [ɒ]	verschlingen	Schwalbe
tend	gerichtet sein auf (towards), abzielen auf (to)	pflegen, warten (Maschine)
tender	zart, schwächlich	Wärter, Tender (Begleitschiff, Kohlenwagen)
tire	ermüden	Radreifen (auch 'tyre')
turkey	die Türkei (Turkey)	Truthahn
vice	Laster, Fehler	Vize- (vice-president)
well	Brunnen, Quelle	wohl, gut
yard	(Längenmaß) 91 cm	Hof(raum), Werkplatz ('shipyard' Werft)

3. Wörter gleicher Schreibung, aber verschiedener Lautung und Bedeutung (Homographs)

(Siehe auch § 8)

bow	[baʊ]	1. Verbeugung 2. Schiffsbug	[bəʊ]	Bogen
cleanly	['kli:nlɪ]	Adverb zu 'clean'	['klenlɪ]	Adj. reinlich
conjure	['kʌndʒə]	(be)zaubern, beschwören	[kən'dʒʊə]	beschwören, inständig bitten

desert	['dezət]	wüst; Wüste	[dɪ'zɜːt]	1. Verdienst 2. im Stich lassen
lead	[liːd]	führen; Führung	[led]	Blei
live	[lɪv]	leben	[laɪv]	lebend(ig)
invalid	['ɪnvəliːd]	Invalide; krank	[ɪn'vælɪd]	ungültig, nichtig
mankind	['mænkaɪnd]	die Männer, Männerwelt	[mæn'kaɪnd]	Menschheit
minute	['mɪnɪt]	Minute	[maɪ'njuːt]	sehr klein, winzig, genau
tear	[tɪə]	Träne	[teə]	(zer)reißen
wind	[wɪnd]	Wind	[waɪnd]	(sich) winden
wound	[wuːnd]	Wunde; verwunden	[waʊnd]	von 'to wind'

B. Synonyme

76 Wichtigstes Gebiet der Wortschatzerweiterung ist die Synonymik. Aus der großen Zahl der bedeutungsähnlichen Wörter im Englischen werden hier einige ausgewählt und in Beispielsätzen, die der Lernende sich einprägen sollte, dargeboten. Die deutsche Erklärung, die sich nur auf das im Fettdruck erscheinende Wort bezieht, muß notwendigerweise kurz sein; sie gewinnt an Klarheit durch verständnisvollen Vergleich mit den Bedeutungen der übrigen derselben Gruppe angehörenden Synonyme.

1 *allgemein*

a)	a **common** error	allg. verbreitet, gewöhnlich
	a common market, interest	gemeinsam
b)	a **general** rule, belief, election	allg. (gültig) (Ausnahmen möglich)
	generally speaking allgem. gesagt	
c)	**universal** peace, approbation	allg., allumfassend (ohne Ausnahme)
	War causes universal misery.	

2 *alt*

a)	an **old** man, house, story	alt (Ggs. young, new)
b)	an **aged** man ['eɪdʒɪd]	bejahrt
	a man aged fifty [eɪdʒd]	im Alter von
c)	an **elderly** lady	älter, ältlich
d)	**ancient** history, Britons, Romans	alt, einstig (Ggs. modern)
e)	**antique** furniture, statue [æn'tiːk]	altertümlich, nach altem Stil
f)	an **old-fashioned** dress, hat	altmodisch

3 *ändern*

a)	He **change**d his mind, opinion.	völlig ändern
	The weather is changing.	s. ändern, umschlagen
	to change clothes, seats, money	(aus)wechseln
b)	She had her dress **alter**ed.	(teilweise um)ändern
	That alters matters. Das ist etwas anderes.	
c)	The rules were modified (to **modify**).	leicht ändern
d)	Prices **vary** with the season.	s. ändern, wechseln, variieren
	His mood varies very often.	

4 *Arbeit*

a) Father is at **work,** out of work.	Arbeit allg.
homework Hausaufgaben	
b) hard **labour,** child labour	schwere Arbeit, Mühe
Labour Party, Labour Exchange	gewählteres Wort für 'work'
c) a time full of **toil** and trouble	mühselige Arbeit
d) a difficult **task**	(gestellte) Aufgabe, (Schulaufgabe)
e) a difficult **job**	bestimmte Beschäftigung, Stück Arbeit
He has lost his job.	Stellung

5 *beide*

a) **Both** (the) cars were damaged.	alle beide (betont)
They are both ill, both of them . . .	
b) **The two** loved each other.	beide, die beiden (unbetont)
Which of the two books do you want?	
c) on **either** side of the Atlantic	jeder von beiden
in either case	
at either end of the table	irgendeiner von beiden
Either of you can do it.	
Merke: **Neither** statement is true.	keiner von beiden
Neither of you is right.	

6 *Beruf*

a) What is your **occupation?**	Beruf allg.
b) He felt a **vocation** (calling) for medicine.	Berufung, innerer Beruf
c) The choice of a **calling** is difficult.	ausgeübter Beruf
d) He is a baker, butcher by **trade.**	Gewerbe, Handwerk, gelernter Beruf
(to learn a trade)	
e) He is a lawyer, doctor by **profession.**	gehobener, geistiger (häufig akademischer) Beruf

7 *besonder(er)*

a) a **special** knowledge, treatment, subject	zu einem besonderen Zweck, von bes. Art
special prices, privileges	
a special train Sonderzug	
The soldiers were **specially** trained for this purpose.	(betont den Zweck)
b) His task was **especially** difficult.	ganz besonders, außergewöhnlich
I like the poems, **especially** the last.	(betont das Außergewöhnliche)
c) He had no **particular** reason to do so.	besonders im Ggs. zu allgemein (ähnlich 'special')
a particular case, wish, occasion	
in general – in particular	
She is particular in what she wears.	eigen, wählerisch
d) a **specific** remedy, quality	spezifisch für eine Sache
specific gravity spezifisches Gewicht	
e) a **peculiar** taste, interest, character	eigentümlich, eigenartig
f) a man of **singular** courage	einzigartig, ungewöhnlich
a singular opportunity	
g) a **separate** room, problem	besonders, getrennt, abgesondert

8 *besuchen*

a) He **visits** his uncle, a friend, London.	besuchen, für einige Zeit bleiben
The doctor visits his patients.	bes. zu e. bestimmten Zweck
Many people visited the Tower.	besichtigen
to pay a visit e. Höflichkeitsbesuch abstatten	
b) to **go (come) to see,** to **call on s. b.**	freundschaftlich besuchen
to **call at s. b. 's house,** to **give s. b. a call,** to **look in upon s. b.**	(ohne bestimmten Zweck) kurz vorsprechen bei
to **drop in on s. b.**	auf e. Sprung vorbeikommen
c) to **attend** a school (= to go to school), a meeting, a lecture	e. öffentliche Stätte oder Veranstaltung zu e. bestimmten Zweck besuchen
d) to **frequent** an inn, a place	häufig besuchen
e) This house is **haunted** by a ghost.	heimsuchen

9 *Bewegung*

a) to be in **motion**; to set, put in motion	Bewegung im Ggs. zur Ruhe
the motion of an engine	dauernde, mechanische Bew.
emotion Gemütsbewegung	
b) He watched every **movement** of his enemy.	best. einzelne Beweg. eines Körpers
a political movement	politische, weltanschaul. Bew.

10 *bitten*

a) He **ask**ed the teacher for a book, to give him a book.	bitten allg.
He asked me to dinner.	bitten, einladen
b) He **begg**ed for money, mercy, for his life.	demütig bitten, betteln
I beg your pardon. Ich bitte um Verzeihung.	
c) Visitors are **request**ed not to enter this room.	höfl. bitten, ersuchen
d) to **entreat,** to **beseech**	eindringlich bitten
to **implore**	flehentlich bitten
May I trouble you for the salt?	Darf ich Sie um das Salz bitten?

11 *bleiben*

a) You must **stay** in bed, at home.	(örtl.) bleiben (nur bei Personen)
He will stay with us for a week.	
b) How long will you **remain** (stay) here?	(örtl.) bleiben (Pers. und Sachen)
Some boats remained in the harbour.	
Much remains to be done.	übrigbleiben
He remained silent, sitting, a child.	in e. Zustand bleiben

12 *Boden*

a) The apple fell to the **ground.**	Erdboden
This is his own ground.	Grund und Boden
b) fertile, barren **soil**	(fruchttrag.) Ackerboden
our native soil	Heimaterde
c) at the **bottom** of a river, cup, page	unterste Stelle, Grund
d) **floor**	Fußboden, Stockwerk
e) **loft**	(Dach-)Boden
(attic, garret	Dachkammer)

13 *brauchen = benötigen*

a) I **want** some money. — brauchen, nötig haben
My shoes want (need) repairing.

b) The garden **need**s rain. — dringend benötigen
You need not come (don't need to come). — nötig haben, verpflichtet sein zu
(*Ggs.:* you must come)

c) The matter **require**s great care. — brauchen, erfordern

d) It will **take** us two hours to find him. — (Zeit) benötigen
(we'll take . . . .)

Merke: (ge)brauchen, benutzen = to **use**

I **need** a knife to cut bread.	(Ich habe keines.)
I **use** a knife to cut bread.	(Ich habe eines und benutze es.)
That is of no use to me.	Das kann ich nicht brauchen.

14 *bringen*

a) **Bring** me the letter. Bring it here. — herbringen (zum Sprecher)
Bring your friend with you. — mitbringen

b) Go into the bedroom and **fetch** me my coat. — holen, hingehen und dann herbringen

c) **Take** the letter to the headmaster. — hinbringen, wegbringen (vom Sprecher)
He took her home last night.

d) **Carry** my luggage to the station. — fortschaffen, hinbringen (meist bei schweren Sachen)

Merke: to put to bed — zu Bett bringen
to put in order — in Ordnung bringen

15 *Dose*

a) a **box** of matches, a wooden box — Büchse, Schachtel, Kästchen

b) a **tin** (Am. **can**) of sardines, peas in tins (tinned peas) (Am. canned peas) — Konservenbüchse, -dose
(Brit. can Blechkanne, Kanister)

16 *einzig*

a) his **only** son, my only friend — einzig, kein anderer vorhanden

b) his **sole** heir — einzig, alleinig (wie 'only')

c) I could not find a **single** penny. — einzig, einzeln (aber noch viele andere der Art vorhanden)

d) a **unique** example — einzigartig
It is unique in its kind.

17 *entschuldigen*

a) Please **excuse** me for being late (my being late). — jmd. oder etwas entschuldigen
Excuse me, but I think I have to go.
The boy excused himself to the teacher.

b) You must **apologize** to the teacher for the insult. — sich entschuldigen

18 *Ereignis*

a) Strange **event**s took place. — Geschehnis, Begebenheit
b) daily **occurrence**s — (alltägl.) Vorkommnis
c) Many people watched the **incident.** — Vorfall (nicht alltägl. aber unbedeutend)
d) I met him by **accident.** — Zufall
a serious accident — Unfall

19 *erinnern*

a) **Remind** him **of** his promise. — jmd. erinnern an
b) I **remember** him, the story, having seen him. — sich erinnern an
c) We try to **recollect** a thing when we do not remember. — sich besinnen auf (mit einiger Mühe)
(I cannot recollect, I do not remember.)

20 *erklären (erläutern)*

a) **Explain to** me how to do it. — erläutern, auseinandersetzen
b) Nobody could **interpret** the dream, the difficult passage. — deuten, auslegen
c) That **account**s **for** his behaviour. — erklären, Grund angeben

Merke: erklären, verkünden = to **declare**
He declared himself guilty.
He declared his love (that he loved her).

21 *ernst*

a) a **serious** man, mind — Person: ernsthaft (veranlagt), seriös
a serious situation, illness — Sache: gefährlich, ernst zu nehmen(d)
b) a **grave** judge, face — Person: würdevoll, von ernstem Äußeren
a grave error, responsibility — Sache: schwer(wiegend)
c) an **earnest** worker, Christian — Person: eifrig, ernsthaft bedacht auf
an earnest attempt, desire — Sache: ernstgemeint (Absicht)
I am in full earnest. Ich meine es ernst.

22 *Fabrik*

a) He works in a **factory.** — Fabrik zur Massenherstellung von Waren
b) a cotton **mill**, paper mill — Fabrik (Mühle) zur Bearbeitung von Rohstoffen
c) water**works,** gasworks, glassworks, ironworks — Wasserwerk, Gaswerk, Glashütte, Eisenhütte
d) **plant** — Fabrikanlage

23 *fahren*

a) The train **go**es fast. — fahren allg.
We go to London by car, train, bus, etc. by air, water, etc. — fahren von Personen im Fahrzeug
b) We **travel**led from Dover to Edinburgh. — reisen (längere Strecken)
c) The car ran at full speed. — fahren von Fahrzeugen
The bus **run**s daily. — regelmäßig verkehren
to be run over überfahren werden

d) It is a pleasure to **ride** in a new car, in a train, etc.; park and ride	im Fahrzeug mitfahren
to ride a bicycle radfahren	
e) Can you **drive** a car? Driving licence.	Fahrzeug selbst lenken
to drive in one's car	
f) They (the ship) **sail**ed across the sea.	fahren (Schiff)

24 *falsch*

a) You are **wrong**; a wrong answer	unrichtig (Ggs. right)
You have done wrong.	unrecht, sittlich schlecht
b) a **false** friend, false words	falsch, trügerisch
a false key (Nachschlüssel), coin	gefälscht, unecht
false hair, teeth	

25 *Farbe*

a) the **colour**s of the rainbow	Farbe als Sinneseindruck
colour film, colour-blind; water colours	
b) wet **paint**; the paint is old.	aufgetragene Farbe, Anstrich
c) **dye** (dyehouse Färberei)	Färbematerial
complexion	Haut-, Gesichtsfarbe

26 *Fehler*

a) You have made many **mistake**s. It was a mistake to trust him.	Fehler, den man macht (aus mangelnder Kenntnis)
b) a book full of **error**s	Irrtum, Versehen (ähnl. 'mistake')
misprint Druckfehler	
c) He committed many awful **blunder**s.	grobe Fehler
d) He is a nice man in spite of all his **fault**s.	Fehler, den man hat; Schwäche
He is always finding fault with my work.	etwas auszusetzen haben an
It is not my fault.	Schuld
e) a **defect** in the engine, a bodily defect	Mangel, Gebrechen

27 *fertig*

a) Are you **ready**? Dinner is ready.	bereit (zu etwas)
b) My work is **finished.**	fertiggestellt, vollendet
I have finished writing. bin fertig mit	

28 *Fleisch*

a) He had no **flesh** on him, only skin and bones.	Fleisch als Körperbestandteil
(The tiger is a flesh-eating animal).	Fleischnahrung im Ggs. zu Pflanzennahrung
(horseflesh, rabbitflesh)	Fleisch in Zusammensetzungen
(The spirit is willing, but the flesh is weak.)	Fleisch im Ggs. zum Geist
b) The price of **meat** is continually rising.	Fleisch als Nahrungsmittel

Merke: Verbinde nie 'meat' mit dem Namen des Tieres! (s. oben 'horseflesh')

beef	veal	mutton	pork
Rindfl.	Kalbfl.	Hammelfl.	Schweinefleisch

29 *Frau, Dame* — *Mann, Herr*

a) **woman**	Frau allg. im Ggs. zu Mann u. Mädchen	**man**	Mann allg. im Ggs. zu Frau u. Knabe
b) **wife**	Ehefrau	**husband**	Ehemann
c) She is no **lady.**	Dame, höflich für Frau	He is a **gentleman.**	Herr, höflich für Mann

Ladies and Gentlemen!

Lady Churchill, Lady Attlee	Adelstitel für Ehefrau eines Adligen	**Sir** Winston (Churchill), Lord (Earl) Attlee	Adelstitel
Dame Edith Evans	Adelstitel		
d) no, **madam.**	gnädige Frau!	yes, **sir.**	Herr! (Anrede)
e) **Mrs** Lee	Frau (vor Namen)	**Mr** Lee	Herr (vor Namen)
f) Our **Lady**	Unsere Liebe Frau (Mutter Gottes)	The **Lord**'s Prayer	Herr (Gott)
g) **mistress**	Herrin im Ggs. zum Diener	**master**	Herr im Ggs. zum Diener
		Master Roger	der junge Herr R.

30 *Fremder*

a) A man is a **stranger** in a place he does not know.	Unbekannter
b) A man is a **foreigner** outside his native country.	Ausländer

31 *führen*

a) The road **lead**s to the lake.	führen von Straßen (zu e. Ziel)
to lead an expedition, army	anführen
b) He **guide**d me through London.	den Weg zeigen
c) We were **conduct**ed to the president.	geleiten
to conduct an expedition, an orchestra	geistig lenken, dirigieren

32 *ganz*

a) I lost **all** my money.	ganz (faßt zusammen)
(all day long, all the year round)	
all over Europe — in ganz E.	
b) the **whole** world, the whole of England	unversehrt, unvermindert
(the whole day, the whole year)	
on the whole — im ganzen	
c) **entire** satisfaction, confidence	vollständig, ungeteilt
entirely (completely) wrong	gänzlich, völlig
d) a **complete** stamp collection	vollzählig, vollständig
It was a complete surprise to me.	
e) the **total** number, amount	voll (bei Mengenbegriffen)
It is a total loss.	völlig
f) That is **quite** right. (Adverb)	völlig, durchaus

33 *gehen*

a) We'll **go** to London next year.	fahren, sich begeben
I must go home now.	
to go on foot zu Fuß gehen	
to go for a walk spazierengehen	
b) I prefer **walk**ing to driving.	zu Fuß gehen

34 *Geist*

a) a man of sound **mind**; presence of mind	Geist, Gemüt, Verstand
Bear (keep) my words in mind.	Bewußtsein
to change one's mind	Meinung
to make up one's mind sich entschließen	
(intellect Verstand, intelligence Begabung)	
b) The **spirit** is willing, but the flesh is weak.	Geist im Ggs. zum Körper oder Stoff
a brave spirit, the spirit of religion	Gesinnung, Geist einer Sache
c) His good **genius** helped him.	Schutzgeist
He is a genius.	Genie
d) He looked like a **ghost.**	Geist(ererscheinung)

35 *Gelegenheit*

a) On this (that) **occasion** I first saw him.	Anlaß, Grund
b) He will never have such an **opportunity** (chance) again.	günstige, passende Gelegenheit
at the first opportunity	
c) He had a **chance** to earn much money.	glückl. Zufall, unerwartete Möglichkeit
Give him a chance.	Chance
d) a college with good facilities for studying chemistry **(facility)**	Möglichkeit zu, Einrichtung für

36 *Gesellschaft*

a) She was in **company,** to be in bad ~.	Begleitung, Umgang
the East India Company	Handelsgesellschaft
b) human **society,** Socialist society	Gemeinschaft
a society scandal	„bessere" Gesellschaft
the school debating society	Vereinigung (mit best. Ziel)
c) We were at a garden **party** last night.	eingeladene Gesellschaft

37 *gesund*

a) He is a **healthy** man, is in good health.	körperlich gesund
Swimming is healthy.	gesundheitsfördernd
b) a **sound** heart, tooth, mind	einwandfrei, unversehrt
a sound judgement, advice	vernünftig
c) Fish is **wholesome.**	bekömmlich
a wholesome lesson, punishment	heilsam
d) He has **sane** views.	geistig gesund, vernünftig
insane verrückt	

38 *Glück*

a) **Happiness** is better than riches. — inneres Glück
b) **Fortune** was kind to him. — glückliches Geschick,
He made his fortune in America. — äußere Glücksgüter
c) I had the good **luck** to find him. — Glücksfall, „Schwein"
good luck! viel Glück! bad luck Pech

39 *groß*

a) a **big** stone, car; he is a big boy. — groß allg., umfangreich
b) a **large** town, field — ausgedehnt
c) a **tall** man, tree, chimney — hoch(gewachsen)
d) a **great** number, difference; great power — groß an Bedeutung und Zahl
He is a great king, artist. — geistig groß
e) a **grand** idea, view — großartig
f) a **huge** mountain, wave — riesig
g) a **vast** empire, territory — riesig ausgedehnt

40 *Grund (Ursache)*

a) There is no **ground** for being afraid. — triftiger Grund
b) Tell me the **reason** why you offended him. — Begründung, Anlaß
For what reason? Aus welchem Grund?
c) the **cause** (and occasion Anlaß) of a war — Ursache, Entstehungsgrund
d) He carefully hid his **motive.** — Beweggrund (zu e. Handlung)

41 *Hafen*

a) The ships left the **harbour** after the storm. — Hafen allg.
b) the London **dock**s — Hafenanlagen, -becken
dock workers (dockers) Hafenarbeiter
c) Liverpool was once the second largest **port** in England. — Hafenstadt
a free port Freihafen

42 *halten*

a) He held the knife in his right hand. — (körperlich fest)halten
to **hold** a fortress; this rope will hold.
to hold one's breath den Atem anhalten
b) **Keep** the money for yourself. — behalten
Keep it in mind.
He kept his promise, the secret. — Versprechen etc. halten
to keep s. th. warm, clean, in order — in e. Zustand halten
to keep s. b. waiting — jmd. warten lassen
to keep a horse, a car, cattle — sich etwas halten
to keep to the left — sich (in e. Richtung) halten

Merke: eine Rede halten = to make (deliver) a speech

43 *Haufen*

a) a **heap** of sand, potatoes — ungeordneter Haufen
b) a **pile** of books, coins, letters — aufgeschichteter Haufen, Stapel

44 *Himmel*

a) There was a black cloud in the **sky.**	(sichtbarer) Himmel
b) Our Father which art in **Heaven.**	(religiöser) Himmel
For heaven's sake! Um Himmelswillen!	

45 *hören (vgl. sehen)*

a) I **hear**d a noise. I heard him come.	hören (passiv, ohne Absicht)
A judge must hear both sides. anhören	
b) **Listen** to me, to my words.	bewußt zuhören, lauschen
to listen in to a radio programme	
We listened, but heard nothing.	

46 *jagen*

a) to **hunt** the fox, the tiger	Tiere jagen aus Sport (auch mit Hunden)
I have been hunting after the key for hours.	suchen nach
b) The dog **chase**d the cat, the police chased the thief.	hetzen, nachjagen
The farmer chased the rabbits.	verjagen
c) to **shoot** wild ducks, rabbits	mit der Büchse jagen

47 *jeder*

a) He comes **every** day; **everybody** knows.	jeder allg., jeder überhaupt
b) **each** of these books, **each** of us	jeder einzelne aus einer bestimmten Anzahl
c) You may come **any** day.	jeder beliebige
Anybody can get a free ticket.	
d) on **either** side, at either end	jeder von zweien
either of you two	

48 *Kanal*

a) the (English) **Channel**	Verbindung zweier Meere, Wasserstraße
The rumour spread by various channels.	Weg, den etwas geht
b) During the industrial revolution many **canal**s were built in England.	künstl. Schiffahrtsweg
the Panama Canal	
sewer Abwasserkanal; sewerage Kanalisation	

49 *Kissen*

a) a **cushion** for the couch	(Sofa-)Kissen
b) a **pillow** for the bed	Kopfkissen

50 *kochen*

a) I still have to **cook** our dinner.	Mahlzeit bereiten
cookery book (Am. cookbook) Kochbuch	
b) The water, milk is **boil**ing.	Flüssigkeit sieden
to boil eggs, potatoes	in siedendem Wasser kochen
c) to **make** tea, coffee	Tee, Kaffee kochen

51 *Kraft (Stärke)*

a) a man, horse of great **strength** — innewohnende Stärke
the strength of our army

b) The policeman used **force** to open the door. — angewandte Kraft, Macht, Gewalt
force of habit — Macht der Gewohnheit
the armed forces — die Streitkräfte

c) I'll do all in my **power** to help. — Vermögen, Fähigkeit
a man of great intellectual powers
water power, electric power, horsepower — mechanische Kraft

d) **vigour** of life, of youth — Lebens-, Tatkraft

52 *krank*

a) The child is seriously **ill**; to fall ill — krank (prädikativ)

b) The **sick** child is in bed. — krank (attributiv)
to care for the sick

Merke: sick *prädikativ gebraucht* = zum Erbrechen neigend
I feel sick. Mir ist übel.
seasick, homesick
I am sick of it. Es ekelt mich an.
Im Am. aber 'to be sick' *statt* 'to be ill'.

53 *Küste (Ufer)*

a) We sailed along the **coast.** — Grenzlinie zwischen Land und See
Harwich lies on the east coast of England.

b) We walked along the **shore.** — Landstreifen längs der See (eines Sees)

c) **beach** Strand; **bank** Flußufer

54 *Land*

a) to travel by **land** — Land im Ggs. zur See
The duke gave some land to his sons. — Landbesitz
the land of our fathers, the Holy Land — Land eines Volkes, gewählt für 'country'

b) the countries of Europe — Land als Staat
my (native) **country** — Vaterland
They live in the country. — Land im Ggs. zur Stadt
the Town and Country Planning Act

55 *leer*

a) The house is **empty.** — leer im Ggs. zu voll, ohne Inhalt (z. B. ohne Möbel)
an empty bottle, glass, purse

b) The house is **vacant.** — frei, unbewohnt
a vacant chair, post — frei, unbesetzt

56 *leihen*

a) I **borrow**ed money from him. — von jmd. etwas borgen, entleihen
Is this the book you borrowed from me?

b) I will not **lend** him a penny (Am. loan). — an jmd. etwas verleihen, borgen
a lending library — Leihbücherei

57 *machen*

a) He **make**s baskets; to have a suit made — herstellen, anfertigen
to make a face, a journey, a mistake — machen (in zahlreichen Verbindungen)
a proposal, a speech, a plan
to make progress, profit, friends (with),
haste, one's fortune, preparations
They made him president; it makes me happy. — zu etwas machen

b) What are you **do**ing now? — tun, verrichten
I must have my hair done. — in Ordnung bringen, erledigen
Have you done your homework?
Do the kitchen and the bedrooms.
(aber: make the beds.)
to do business — Geschäfte machen

Merke: to take a walk — einen Spaziergang machen
to take a doctor's degree — seinen Doktor machen
to take a photo — ein Photo machen
to take (do) an examination — eine Prüfung machen
(to pass an ex. e. Prüf. bestehen; to fail (in) an ex. in e. Prüf. durchfallen)

58 *Maschine*

a) sewing **machine,** printing machine — von fremder Kraft getriebene Maschine
b) steam **engine,** engine trouble — Antriebsmaschine, Motor
the engine of a train — Lokomotive

59 *mieten*

a) to **rent** a room, house, land — mieten, pachten
b) to **hire** a car, boat, piano — zum zeitweiligen Gebrauch mieten
to hire a murderer, men — dingen, anheuern

60 *Nebel*

a) **Fog** is the sailor's worst enemy. — dichter Nebel
b) The mountains were hidden in **mist.** — (gewöhnlicher) Nebel
haze leichter Nebel, Dunst
smog = smoke + fog rauchdurchsetzter Nebel (über Großstädten)

61 *Paket*

a) a **packet** of cigarettes — Päckchen
b) There is a **parcel** for you. — (Post-)Paket
c) a heavy **package** — großes Paket
tea in packages — (Ver)Packung

62 *passen*

a) Shoes **fit**; the key does not fit the lock. — der Art, Größe usw. nach passen
a fitting reply
b) The time, the colour, the place does not **suit** me. — zusagen, gefallen, passen zu jmd.
c) The carpets don't **match** the curtains. — zueinander passen

63 *Pause*

a) After a **pause** he went on speaking. — kurzes Innehalten
b) There was an **interval** between two acts. — Theater-, Rundfunkpause
c) He has an hour's **break** for lunch. — Unterbrechung
There is a short break after each lesson. — Schulpause
d) a two hours' **rest** — Ruhepause

64 *Platz*

a) Everything is in its **place.** — bestimmter Platz
I can't be in two places at once.
market place, Kensington Place — öffentl. Platz, Straße
Trafalgar Square (viereckiger Platz)
Piccadilly Circus (runder Platz)
b) Take a **seat,** please. — Sitzplatz
(*Merke:* to take place stattfinden)
c) There was **room** for four persons only. — verfügbarer Platz

65 *Preis*

a) What is the **price** of this book? — Kaufpreis
(at any price = at all costs)
b) The boys who rowed fastest got the **prize.** — Belohnung, Gewinn für d. Sieger
the first prize, prize winner

66 *Politik*

a) He is much interested in **politics.** — Politik allg., Staatskunst
He took an active part in politics. — politisches Leben
b) foreign **policy,** the policy of the Conservatives; honesty is the best policy. — angewandte Politik, politische Richtung

67 *Rache, rächen*

a) He took (his) **revenge** / He **revenge**d **himself** } { on his enemy. / for the insult. — persönliche Rache; sich rächen für das e. selbst angetane Unrecht
b) He took **vengeance** on his brother's murderer, for the murder of his brother. — Rache; etwas rächen, sich rächen für das einem anderen angetane Unrecht
He **avenge**d himself on his brother's murderer.
He avenged (the murder of) his brother.

68 *regieren, herrschen*

a) The queen reigns, but does not **govern.** — die Regierungsgewalt ausüben
to govern (rule) one's passions, temper — beherrschen
b) William the Conqueror **rule**d wisely, but with a strong hand. — (allein) herrschen
c) Queen Elizabeth **reign**ed from 1558–1603. — König(in) sein

69 *Reise*

a) to make (go on) a **journey** — größere Landreise
b) a **voyage** to Australia, a voyage by air — längere See- oder Luftreise

c) Gulliver's **travels**	Reise in ferne Länder
He wrote a book about his travels.	Reiseerlebnisse
d) a **tour** (trip) round the world	größere Rundreise
a tour of Europe	
e) We took a **trip** (excursion) to Windsor.	Ausflug
a holiday trip to Rome	Vergnügungsreise

70 *Rest*

a) Some boys were Americans, the **rest** (remainder) were Germans.	Rest allg.; das, was übrig blieb
b) the **remains** (remnants) of a meal	Überrest, Überbleibsel
Roman remains were found at Chester.	
remnant, *auch:* Stoffrest	
c) a **relic** of early civilization,	Überreste alter Zeiten
relics of the past	
a holy relic	Reliquie

71 *richtig*

a) You are **right**; my watch is right.	recht, genau
It is quite right of you to leave.	(moralisch) richtig
b) Your translation is **correct** (right).	fehlerfrei
correct manners, dress	tadellos
c) It is difficult to find the **proper** word.	passend
That's not a proper time.	schicklich
d) He is a **real** Scotsman, his real name is Macdonald.	richtig, wirklich

72 *ruhig*

a) a **quiet** street, spot, evening	ohne Lärm, friedlich, still
Keep quiet.	
b) a **calm** sea, passage, weather	ruhig, nicht aufgewühlt
She listened calmly, was quite calm.	gelassen
c) Sit **still.**	still, bewegungslos
d) a **silent** night; you had better be silent.	still, schweigsam

73 *Sache*

a) I have left my **thing**s in the car.	Besitz, (Kleidung)
Things are improving.	Verhältnisse
That is a bad thing.	Angelegenheit
b) a **matter** of opinion, of life and death	Gegenstand, Angelegenheit
a serious matter; what is the matter?	
c) an **affair** of honour, foreign affairs	Angelegenheit (ähnl. 'matter')
d) Mind your own **business** (concern).	Sache, die einen persönl. angeht
It is the business of a policeman.	Aufgabe, Pflicht
d) He fought for a good **cause.**	Sache, die man vertritt
e) Let's come to the **point.**	fragl. Punkt, Thema

74 *sagen*

a) What did he **say** (**to** you)?	äußern
He said that he was ill.	
He said, "I am ill".	
b) He told me that it was too late.	mitteilen
He told (us) a story.	erzählen
to **tell** the truth, a lie, one's name	

Merke: nach 'to tell' keine direkte Rede und keinen that-Satz ohne Personalobjekt anschließen!

75 *Schatten*

a) It was 30 degrees in the **shade** and 46 in the sun.	schattiger Ort, Ggs. zum Licht oder zur Sonne
b) The tree cast a long **shadow.**	Schattenbild, -umriß

76 *scheinen*

a) The little girl **seem**s to be tired.	subj. scheinen, den Anschein haben
It seems (to me) that she is tired.	
b) The ship **appear**ed on the horizon.	obj. erscheinen, sichtbar sein
c) The sun **shine**s brightly.	strahlen, leuchten

77 *schlagen*

a) He did not dare to **strike** (**hit**) her.	einen Schlag (oder mehrere einzelne) versetzen
It is striking twelve o'clock.	Schlagen der Uhr
b) to **beat** a drum, a naughty boy	wiederholt schlagen, prügeln
My heart beats.	
The army was beaten (defeated).	besiegen

78 *schließen*

a) **Shut** the door, your books, your eyes.	zumachen
b) He has **close**d his eyes for ever.	gewählteres Wort für 'to shut'
We closed our discussion.	beenden
The theatres were closed in 1642.	schließen für das Publikum
c) The door is **lock**ed.	(mit Schlüssel) abschließen
d) From his remarks I **conclude**d that he was not well.	schlußfolgern

79 *schön*

a) a **beautiful** woman, view, picture	vollendet schön
b) a **handsome** man, present	ansehnlich
(good-looking schön von Gesicht)	
c) a **pretty** girl, garden	hübsch
d) **fine** weather, character	vortrefflich
e) the **fair** sex, fair weather, words	gefallend, freundlich
f) a **nice** girl, dress, nice people	nett

80 *Schuld*

a) He has a lot of **debt**s. — (Geld-)Schuld
b) It is my **fault.** — Schuld, Fehler
c) He admitted his **guilt.** — Schuld im rechtl. Sinne

81 *schwer*

schwer		*leicht*
a) a **heavy** load, gun, metal	schwer — leicht	a **light** burden, cigar
as heavy as lead	von Gewicht	as light as a feather
b) a **difficult** problem	schwierig — leicht	an **easy** question, task
difficult to understand	zu tun	easy to translate
c) **hard** times, a hard life	voll — frei von	an **easy** life, piece of work
He works hard.	Beschwerlichkeit	
(hardly kaum)		
d) a **serious** illness	schwer — gering	a **slight** cold
a **grave** error	an Bedeutung	a slight mistake

82 *schwimmen*

a) Can you **swim**? — schwimmen durch Bewegung als Sport
b) Wood **float**s on water. — vom Wasser getragen werden, treiben
The boat floated (drifted) down the Thames.

83 *sehen (vgl. hören)*

a) Blind people cannot **see.** — sehen, ungewollt wahrnehmen
I saw him come.
b) **Look** at me, look me in the face. — bewußt nach etwas sehen
He looks pale; he looks like an officer. — aussehen
c) She **gaze**d (stared) at him for some minutes. — starr blicken auf
d) He **glance**d at his watch. — (flüchtig) blicken auf

84 *selten*

a) Great statesmen are **rare.** — nicht häufig vorkommend,
a rare stamp, opportunity — ungewöhnlich, ausgezeichnet
b) Eggs are **scarce** this month. — knapp (von Dingen)
I am short of money. Knapp bei Kasse
c) She **seldom** (rarely) comes to see me. — selten (Adv.), nicht oft

85 *sicher = gewiß*

a) I am **sure** that he will come. — subjektiv sicher, persönlich überzeugt
He is sure to come.
Surely he will come.
(a sure guide, proof zuverlässig)
b) It is **certain** that he will come. — objektiv sicher, ganz sicher
Certainly he will come.
(a certain Mr Smith ein gewisser)

sicher vor Gefahr

c) Now we are **safe.** — sicher vor (vergangenen) Gefahren, außer
We arrived safe and sound. — Gefahr; gefahrlos; unverletzt
d) Do not feel too **secure.** — sicher vor (kommenden) Gefahren, sorglos;
The ladder, the bridge is not secure. — gesichert, fest

86 *sparen*

a) He has **save**d a lot of money.	Geld, Kraft etc. sparen
to save time and energy	
b) He **spare**d neither pain nor trouble.	mit etwas sparen
I cannot spare him, any time.	entbehren, erübrigen
I will spare you the trouble.	ersparen

87 *Spiel*

a) The children are at **play.**	Spiel als Zeitvertreib
Shakespeare's plays	Theaterstück
b) the Olympic Games, a **game** of chess	Spiel nach Regeln, Partie
c) a football **match,** cricket match	Wettkampf
(gamble Glücksspiel)	

88 *springen*

a) Let us **jump** into the water.	springen allg.
high jump(ing)	sportlich springen
b) He sprang up (to **spring**).	plötzlich aufschnellen
c) Nelson **leap**ed upon the beach at the head of his men.	gewählteres Wort für 'jump', mit Anlauf springen
Grasshoppers leap.	hüpfen
d) The tiger **bound**ed over the rock.	elastisch springen
e) The ball doesn't **bounce.**	springen (wie ein Ball)

89 *Straße*

a) in the **street,** main street	Straße in e. Ortschaft, mit Häusern
b) England has good **road**s; on the road	Landstraße außerhalb e. Ortschaft
highway = main road	
motorway brit. Autobahn	

	Fahrstraße	*Fußweg*
Brit.	road(way)	pavement
Amer.	pavement	sidewalk

alley, lane schmale Straße, Gasse
avenue Allee

90 *Stück*

a) a **piece** of wood, cake, chalk	Stück allg. (von unbest. Art)
a piece of furniture	
b) a **bit** of string, wood	kleines Stück
Are you tired? Not a bit.	ein bißchen
c) a **fragment** of a vase, a musical fragment	Bruchstück
d) a **lump** of ice, coal	Brocken
e) a **play** by Shakespeare, of Shakespeare's	Theaterstück
a **slice** of meat, bread	flaches Stück, Scheibe
a **sheet** of paper	breites, dünnes St., Blatt
a **slip** of paper	schmales, dünnes St., Streifen
a **cake** of soap	längliches St. (Seife)
a **bar** of chocolate	längliches St., Riegel

91 *Tat*

a) to put a plan into **action**	das Handeln, Tätigkeit
a man of action	
the action of a drama	Handlung
b) an **act** of charity, cruelty	einzelne Tat als Ausdruck einer Charaktereigenschaft, Akt
It was the act of a fool, criminal.	
a voluntary act	
c) a brave **deed**, a bad deed	einzelne bedeutende Tat
Deeds are better than words.	

exploit Heldentat; feat Kunststück, Heldentat
achievement hervorragende Leistung

92 *tragen (vgl. bringen)*

a) to **carry** a suitcase	in der Bewegung tragen, forttragen
to carry an umbrella	mit sich führen
b) A tree **bear**s fruit.	(in Ruhe) tragen
to bear a loss, one's fate	ertragen
to bear arms, a name, s. th. in mind	tragen (in best. Wendungen)
c) to **wear** gloves, a uniform, a beard	am Leibe tragen
to wear a smile, a troubled look	zur Schau tragen
d) Columns **support** a roof.	vor dem Fallen bewahren
Lifebelts support swimmers.	vor dem Sinken bewahren

93 *unterhalten, vergnügen, freuen*

a) She **entertain**ed the children by reading stories to them.	jmd. unterhalten
b) The clown **amuse**d the children.	erheitern, zum Lachen bringen
Can you amuse yourself while I am away?	sich unterhalten, die Zeit angenehm verbringen
c) How did you **enjoy** the ball?	genießen, Freude haben an
Did you enjoy yourself at the ball?	sich amüsieren
d) I **rejoice** (am delighted, pleased) to hear of his success (at the news of . . .).	sich freuen über, erfreut sein über
e) His success rejoiced his mother's heart.	das Herz jmd. erfreuen
f) He **delight**ed in killing flies.	Freude haben an, s. freuen an
Her singing delighted the guests.	jmd. erfreuen

94 *unterscheiden*

a) Can you **distinguish** one twin from the other?	unterscheiden
Can you make a **distinction** between the two?	Unterscheidung, die man macht
b) They **differ** very much.	sich unterscheiden
There is a great **difference** between them.	bestehender Unterschied

95 *verfolgen*

a) to **pursue** a thief, a fugitive	verfolgen, um zu fangen
to pursue a plan, one's way	fortsetzen, betreiben

b) James **persecute**d the Puritans. Nero persecuted the Christians. — aus relig. oder polit. Gründen grausam verfolgen
c) Trespassers (Zuwiderhandelnde) will be **prosecute**d. — gerichtlich verfolgen
public prosecutor Staatsanwalt

96 *wählen*

a) It is difficult to **choose** between these two things. — (aus)wählen allg.
b) **select**ed poems, to select a present — sorgfältig das Beste auswählen
c) He was **elect**ed chairman, prefect. — durch Abstimmung auf einen Posten wählen
d) right to **vote,** to vote for Clinton — auf Grund des Wahlrechts wählen

97 *werden*

a) He has **become** a teacher; to become rich — werden allg.
b) It is **get**ting dark, cold. to get wet, tired — werden allg. (aber nur bei Partizip und Adjektiv)
c) It is **grow**ing cold; days are ~ short. — allmählich werden
d) She **turn**ed pale. Milk turns sour. He turned Catholic. — plötzlich in einen anderen Zustand übergehen
What do you want to be later? werden (Beruf)
to fall ill krank werden
to run short knapp werden
to go mad verrückt werden

98 *Zeichen*

a) traffic **sign**; give me a sign. — (Hinweis) Zeichen
There was no sign (symptom) of illness. — Anzeichen
b) railway **signal**s, a signal for advance — verabredetes Zeichen, Signal
c) He gave her a ring as a **token** of love. — Erinnerungszeichen, Beweis für ein Gefühl
d) a book**mark** Lesezeichen — Kennzeichen, Merkmal
a trademark Warenzeichen
a mark of interrogation = question mark

99 *zeigen*

a) **Show** me your essays, please. Mother showed her how to sew. — zeigen allg.
b) The policeman **point**ed at the traffic sign. — zeigen auf etwas, hinweisen;
The teacher pointed out several mistakes. — aufzeigen

100 *ziehen*

a) The coach was **draw**n by four horses. — ziehen allg. (gleichmäßig)
b) The horses **pull**ed the cart out of the mud. He pulled the boy's hair. — stark, plötzlich zerren
c) The policemen **drag**ged the thief into the car. — schleppen, entlangziehen

C. Stammverwandte, leicht verwechselbare Wörter

Stammverwandte Wörter, die sich meistens nur durch ihre Endung unterscheiden, geben oft zu Verwechslungen Anlaß. Wie die Synonyme werden auch sie im Rahmen von Beispielsätzen oder kürzeren Ausdrücken dargeboten, die vielfach die Bedeutung der Wörter schon ohne Übersetzung klarstellen. Zu diesen Wörtern gehören auch einige üblicherweise unter den Synonymen angeführte wie z. B. canal-channel, motion-movement.

1. Substantive

77

1 **admission** to a school — Zulassung
Admission – ten pence. — Eintritt(sgeld)
an admission of guilt — Zugeständnis
No **admittance**! — Zutritt, Einlaß

2 He feels great **affection** for her. — Zuneigung
There is much **affectation** in her behaviour. — Geziertheit

3 We must not judge by **appearance**s. — Erscheinung, Aussehen, Anschein
a horrible **apparition** — (plötzl.) Erscheinung, Gespenst

4 the **application** of drastic measures — Anwendung
an application for a position — Bewerbung, Gesuch
an **appliance** for lifting heavy weights — Hilfsmittel, Vorrichtung

5 The knight wore a heavy **armour.** — Rüstung, Panzer
the **armament** of a warship, ~ race — Bewaffnung, Rüstung (als Handlung)

6 I take a hot **bath** every morning. (bathroom, bathtub, to bath a baby) — Reinigungsbad in der Wanne
Let us go for a **bathe** in the river. (let us bathe, bathing costume) — Bad im Freien zum Schwimmen

7 a **bunch** of flowers, keys, grapes — (geordneter) Strauß, Bund, Traube
a **bundle** of wood, of rags — (ungeordnetes) Bündel

8 I need four yards of **cloth** for a costume. — Tuch
warm **clothing**; put on your **clothes.** — Kleidung(sstücke)

9 She has a new **costume**; historical ~ — Kostüm (bathing ~ Badeanzug)
an old **custom** — Brauch, Sitte
It took us an hour to pass the customs. — Zoll (custom house Zollamt)

10 a city **council** — Rat(sversammlung) (councillor Ratsmitglied)
Listen to the **counsel** of your parents. — Rat(schlag), Beratung; Anwalt (counsellor Ratgeber, Am. Anwalt)

11 the **delivery** of goods, letters — Lieferung, Beförderung
deliverance from captivity — Befreiung von, Errettung aus

12 It was his **destiny** to die young. — Schicksal, Los, Verhängnis
He arrived at his **destination.** — Bestimmungsort, Ziel

13 the **disposal** of property, at one's ~ (Verb: to dispose of) — freie Verfügung über
~ of rubbish — Beseitigung
~ of troops — Verwendung
~ of a task — Erledigung
the **disposition** of furniture, troops (Verb: to dispose) — Anordnung, Aufstellung
a man of gentle ~ — Charakteranlage
a ~ to jealousy — Neigung
to make ~s — Vorbereitungen

14 the **emergence** of new ideas — Auftauchen, Hervortreten
emergency exit, emergency landing — Not(fall), unerwartete Gefahr

15 He has much **experience** in teaching; a wonderful ~ Erfahrung, Erlebnis	an **experiment** in chemistry Versuch, Experiment
16 the wide **expanse** of the ocean Weite, weite Fläche	Lincoln fought against the **expansion** of slavery. Erweiterung, Ausdehnung (in der Fläche)
17 the **extent** of a park, of one's knowledge Umfang, Größe, Länge (to a certain ~ bis zu einem gewissen Grade)	the **extension** of one's knowledge, of a railway line Erweiterung, Verlängerung, Vergrößerung (in jeder Hinsicht)
18 a decimal **fraction** Bruchteil	the **fracture** of a leg (Knochen-)Bruch
19 She died of **grief.** Kummer	The workers enumerated their **grievance**s. Beschwerde, Mißstand
20 electric **lighting** Beleuchtung	a flash of **lightning** Blitz
21 I have a **liking** for whisky. Vorliebe	There is much **likeness** between them. Ähnlichkeit
22 He lost his job because of **neglect** of duty. Vernachlässigung	He lost his job because of his **negligence.** Nachlässigkeit
23 the **object** of education Gegenstand des Strebens, Zweck	the **subject** of a discussion Gegenstand des Denkens, Thema
24 **observation** of the stars; a curious ~ Beobachtung, Bemerkung	**observance** of a law, of rules, etc. Beachtung, Befolgung
25 Can you give me some **pennies** for the slot machine? einzelne Penny-Stücke	One pound has one hundred **pence**. (Wertangabe)
26 Ask Father's **permission.** Erlaubnis	No admittance without a special **permit.** Erlaubnisschein ['pɜːmɪt]
27 the wide **plain**s of North America Ebene (geogr.)	an inclined **plane**; (aero)plane Ebene (Fläche); Flugzeug
28 to judge by **precedent**s ['presɪ~] Präzedenzfall, Beispiel	A duke has **precedence** over a baron. Vorrang, Vortritt
29 a mere **pretence**; under the ~ of Vorwand, Schein(grund)	He has no **pretension** to the title. Anspruch
30 the **process** of making chocolate; the ~ of time Verfahren (im Hinblick auf das Ergebnis), Vorgang, Verlauf	the **procedure** for getting a scholarship; legal procedure [prə'siːdʒə] Verfahren (im Hinblick auf die Verfahrensweise und Reihenfolge), Vorgehen, gerichtliches Verfahren
31 the **produce** of the land, of a farm Erzeugnisse (als Sammelbegriff), (landwirtsch.) Ertrag	the different **product**s of industry (Einzel-)Erzeugnis (meist Industrieprodukt) Ergebnis
32 the **reception** of guests Aufnahme, Empfang von Personen	the **receipt** of a letter Empfang von etwas, das geschickt wurde a receipt for money spent Quittung

33 to observe the greatest **secrecy**
Verschwiegenheit, Heimlichkeit

to keep a **secret**
Geheimnis

34 a white dress with blue **stripes**;
the Stars and Stripes
schmaler Streifen (der Farbe nach)

a **strip** of land, of paper; comic strips
schmaler Streifen (der Form nach)

35 **suspension** bridge
Aufhängung, Hänge-
the ~ of hostilities
Aufschub, zeitweilige Einstellung
the ~ of a minister
Amtsenthebung

We were kept in terrible **suspense.**
Spannung, Ungewißheit

36 national **unity**
Einheit, Einigkeit
(a military unit militär. Einheit)

the **union** of England and Scotland
Vereinigung

37 the summer **vacation,** on vacation (Am.)
(Universitäts- u. Gerichts-)Ferien,
Am. Urlaub (Brit. holiday)

He stared into **vacancy**; a ~ for a typist
Leere; freie Stelle

2. Adjektive

1 He lives all **alone** in the forest.
allein (nur prädikativ gebraucht)

a **lonely** traveller; she feels lonely. 78
einsam

2 **alternate** [ɔːl'təːnɪt] rain and sunshine
abwechselnd (erst R., dann S.)

(two) **alternative** [ɔːl'təːnətɪv] possibilities
alternativ, einander ausschließend, die eine oder die andere

3 a **beneficent** [bɪ'nefɪsənt] institution
wohltätig

Fresh air is **beneficial** [benɪ'fɪʃəl] to health.
wohltuend, zuträglich

4 a **careless** driver, a careless remark
unachtsam, unbedacht

a **carefree** life
sorglos

5 a **ceremonial** dress
zeremoniell, feierlich

ceremonious people
zeremoniell, steif, umständlich

6 **childish** behaviour
kindisch

childlike confidence
kindlich, unschuldig, einfach

7 a **comprehensive** description
umfassend
~ school
Kombinatsschule für alle Schulzweige

a **comprehensible** reason
verständlich, begreiflich

8 He is **confident** of success.
vertrauend auf, überzeugt von

a **confidential** information
vertraulich

9 a **self-confident** (self-assured) man
auf sich selbst vertrauend, selbstbewußt

a **self-conscious** young man
(sich zu sehr selbst beobachtend) befangen, gehemmt, scheu

10 I am not **conscious** of any guilt.
bewußt (consciousness)

a **conscientious** worker
gewissenhaft (conscientiousness)
(conscience Gewissen)

11 a **contemptuous** air Miene
verächtlich = verachtend, Verachtung ausdrückend

contemptible qualities
verächtlich = verachtenswert

12 Are you **content?** (nur prädikativ)
with a **contented** smile
zufrieden
(to content zufriedenstellen)

to contend with difficulties, for a prize
kämpfen mit, ringen um

13 **continuous** rain
ununterbrochen, unaufhörlich

continual trouble
häufig, oft wiederholt

14 a **credible** story
glaubwürdig

a **credulous** woman
leichtgläubig

15 **defective** machinery
mangel-, fehlerhaft (in Qualität)

a **deficient** education, memory
unzureichend (in Quantität, Stärke)

16 a **definite** answer
bestimmt, klar

a **definitive** answer
endgültig

17 a **delightful** place, holiday
entzückend, wundervoll

a **delicious** meal, smell
köstlich (Geschmack, Geruch)

18 a **desert** ['dezət] island
öde, wüst

a **deserted** island
verlassen (von den Bewohnern)

19 a **desperate** struggle (desperation)
verzweifelt, zu allem fähig

a **despairing** cry (despair)
verzweifelnd, alle Hoffnung aufgebend

20 a **devoted** friend
ergeben

a **devout** [di'vaʊt] monk
fromm

21 a **distinct** pronunciation
klar, deutlich
distinct classes
verschieden, getrennt

distinctive signs, uniforms
bezeichnend, unterscheidend

22 **effective** measures, an ~ speech, contrast
an **effectual** (efficacious) remedy
wirksam, wirkungsvoll, den gewünschten Erfolg bringend

an **efficient** general, secretary, method
leistungsfähig, tüchtig, brauchbar; Person, dessen Leistung zufriedenstellt; bei Sachen = effective

23 **elementary** school, an ~ mind
elementar, einfach, Anfangs-

the **elemental** power of the storm
elementar, urgewaltig, natürlich

24 an **enduring** friendship
dauernd

an **endurable** temperature
erträglich

25 He is **envious** of my success.
neidisch

an **enviable** optimism, possession
beneidenswert

26 an **exhausting** labour
anstrengend, ermüdend

an **exhaustive** explanation
erschöpfend, nichts auslassend

27 a **favourable** report, occasion
günstig

Rice is his **favourite** dish.
beliebt, Lieblings-

28 **German** wine
deutsch

Germanic tribes
germanisch

29 a **gold** watch, ring
aus Gold

golden hair; a ~ opportunity
goldfarbig; günstig, ausgezeichnet

30 an **honest** man
ehrlich, rechtschaffen

an **honourable** man
ehrenwert (mehr als 'honest')

an **honorary** member, title
Ehren-, ehrenhalber

31 to err is **human**
menschlich

a **humane** [hjʊ'meɪn] character; humane treatment
menschenfreundlich, human

32 a **humorous** story
humoristisch

a **good-humoured** fellow
gutmütig, gutgelaunt

33 an **illegal** act
ungesetzlich

an **illegitimate** title, child
unrechtmäßig, unehelich

34 the worst weather **imaginable**
denkbar

imaginary beings
imaginär, nur in Einbildung vorhanden

an **imaginative** poet, ~ power
schöpferisch, Einbildungs-

35 an **impressive** performance
The performance was **impressing.**
eindrucksvoll

an **impressionable (impressible)** young lady
leicht beeinflußbar

36 the **industrial** revolution, ~ towns
industriell, Industrie-

industrious labourers
fleißig

37 an **ingenious** author, plan
klug, geistreich
(ingenuity)

an **ingenuous** young man, smile
offen(herzig), aufrichtig, arglos
(ingenuousness)

38 an **intelligent** answer
verständig, klug

an **intelligible** explanation
verständlich, klar

intellectual faculties, an ~ person
verstandesmäßig; geistig; geistreich

39 an **intent** look
gespannt, aufmerksam
he is **intent** on his work
eifrig bedacht auf

What do you **intend** to do?
beabsichtigen

40 **intense** heat, an ~ feeling
stark, heftig

intensive searching, study
angestrengt, eingehend

41 **interested** in politics
interessiert

an **interesting** story
interessant

42 I am **uninterested** in what you say.
uninteressiert

a **disinterested** person
uneigennützig, unparteiisch, unbeteiligt

43 **(in)tolerable** conditions
(un)erträglich, (un)tragbar

He is **(in)tolerant** of criticism.
(un)duldsam, (un)nachsichtig

44 **judicial** power
richterlich

a **judicious** politician, plan
verständig, klug

45 a **luxurious** meal
üppig, schwelgerisch

luxuriant vegetation
üppig, blühend, überschwenglich

46 **masterful** manners
herrisch, gebieterisch

a **masterly** painting
meisterhaft

47 a **momentary** ['məʊ~] thought
augenblicklich, flüchtig

a **momentous** decision [~'men~]
bedeutsam, folgenschwer

48 a **notable** improvement
wichtig, der Beachtung würdig

He is **noted** for his essays.
berühmt, bekannt (wegen)

a **noticeable** improvement
merklich, leicht zu bemerken

49 an **official** report, ~ duties offiziell, amtlich, dienstlich	an **officious** salesman übereifrig, aufdringlich
50 a **pitiful** face, word 1. mitfühlend, mitleidig 2. = pitiable	a **pitiable** sight, attempt mitleiderregend, jämmerlich (= piteous)
51 a **popular** song volkstümlich, populär	a **populous** town, country volkreich
52 a **potent** drug, argument stark, kräftig, mächtig	a **potential** murderer, ~ energy möglich, in der Anlage vorhanden
53 a **practical** invention, wife praktisch, geschickt	a **practicable** idea, a ~ passage durchführbar, brauchbar, benutzbar
54 I am **regretful** for having offended you. voll Bedauern, betrübt	a **regrettable** failure bedauerlich
55 a **respectful** behaviour ehrerbietig (yours respectfully hochachtungsvoll)	His motives were **respectable.** ehrbar, anständig (quite a respectable number ansehnlich)
56 the **rightful** owner of the house rechtmäßig	a **righteous** ['raitʃəs] man rechtschaffen
57 lords **spiritual** ['spɪrɪtjʊəl, ~ tʃʊəl] geistig, geistlich (lords ~ = bishops in the House of Lords) (Negro spiritual geistlicher Gesang der Neger in U. S. A.)	**spirituous** ['spɪrɪtjʊəs] liquors alkoholisch
58 a **temporary** employment, a ~ bridge vorläufig, vorübergehend, behelfsmäßig	**temporal** conjunctions zeitlich lords temporal weltlich(e Lords, Ggs. lords spiritual)
59 a **triumphant** look, success triumphierend, glänzend	a **triumphal** arch, procession Triumph- (bogen, zug)
60 **valueless** coins wertlos	His help was **invaluable** to me. unschätzbar
61 **various** colours, reasons verschieden(artig) a **varied** programme mannigfaltig, abwechslungsreich (variety Verschiedenheit, Art)	**variable** winds, fashion veränderlich, wechselnd (variation Veränderung, Wechsel)
62 a **virtuous** woman, character tugendhaft	The prince is the **virtual** king. tatsächlich, eigentlich

-ic (-ically) = von der Sache selbst erfüllt	**-ical** = nur mit der Sache verbunden
63 a **comic** story, paper, opera (absichtlich) komisch, lustig, humoristisch	a **comical** situation, a ~ old hat komisch (in der Wirkung), ulkig
64 **economic** policy, conditions, wonder (volks)wirtschaftlich, Wirtschafts-	an **economical** cooker; my car is ~. sparsam (mit = of)
65 **electric** light, current, razor elektrisch (betrieben)	**electrical** engineer(ing), industry Elektro- (mit Elektrizität zu tun habend)

6 a **historic** building, city; ~ times historisch, geschichtl. bemerkenswert	a **historical** novel, film, ~ studies auf Geschichte basierend, Geschichte behandelnd
7 **artistic** talent, skill künstlerisch (artful verschlagen, listig)	**artificial** flowers, teeth künstlich

3. Verben

79

1 These measures will **affect** (have an effect on) everybody. The bad weather affected his health. (ein)wirken auf, beeinflussen	The measures **effect**ed a complete change. bewirken (effect Wirkung)
2 to **capture** a criminal, a fortress gefangennehmen, einnehmen	She **captivate**d her friends with charm. fesseln, bezaubern
3 I am **convince**d of his guilt. überzeugen	He was **convict**ed of murder. überführen
4 to **loose** [lu:s] a dog, a boat losmachen, loslassen	to **loosen** ['lu:sn] a screw, one's collar lockern, lösen
5 He didn't **notice** me. bemerken, wahrnehmen	Please **note** what he said. beachten = to take note (notice) of
6 The old house was **overrun** with rats. überlaufen sein, wimmeln von	He was **run over** by a bus. jmd. überfahren
7 We'll **overtake** the bus soon. 1. einholen 2. überholen	He **take**s **over** the business after his father's death. übernehmen
8 The boat **overturn**ed. umstürzen, kentern	Please **turn over.** (P.T.O., p.t.o.) umwenden, umblättern
9 Who **own**s this house? besitzen I must own my fault. (ein)gestehen	He **owe**s me £ 5. schulden I owe him much. verdanken
0 Troops **suppress**ed the rebellion. He suppressed his feelings. unterdrücken = zunichte machen	The Jews were cruelly **oppress**ed. unterdrücken = tyrannisieren
1 to **test** a medicine, a machine prüfen, erproben	The witness could **testify** that he had seen him. bezeugen

Bestimmte Formen 80

1 He was **born** on May 6th. geboren (passiv)	The tree has not **borne** fruit for years. getragen; auch: geboren (aktiv)
2 The revolver is **loaded**; a ~ cart, a tree loaded (laden) with fruit geladen, beladen	a ship **laden** with cargo a mind laden with guilt schwer beladen, belastet

3 during the **past** six months
vergangen (Adj.)
The past is past. Vergangenheit
half past six nach (Präpos.)

Six months have **passed** since then.
vorübergehen, vergehen (Verb)

4 He **hung** his coat on the peg.
hängen
(to hang, hung, hung)

The murderer was **hanged.**
hängen = henken
(to hang, hanged, hanged)

81 Der Gebrauch einiger besonders wichtiger Verben

1 **to lie (lying), lay, lain** liegen
London lies on the Thames.
He is lying in the grass.
He lay in bed when I came.
He had lain in the grass for hours.
to lie down sich niederlegen

to lay (laying), laid, laid legen
Hens lay eggs.
Mother is laying the table.
He laid the book on the table.
He had laid the book there before I came.

2 **to sit, sat, sat** sitzen
We sit at the table when we eat.
He sat still for some time.
to sit down / to take a seat / to seat oneself } sich setzen

to set, set, set setzen
Set the lamp on the table!
Yesterday the boat set sail for Jersey.
to seat s.b. jmd. setzen, einen Platz anweisen
(He seated his guests at the table.)

3 **to rise, rose, risen** sich erheben
(selbständig, aus eigener Kraft)
to rise early (to get up) aufstehen
to ~ from a chair (to stand up) sich erheben
to ~ in arms zu den Waffen greifen
The sun rises, the curtain rises. aufgehen
A river rises, prices rise. ansteigen
The wind is rising. zunehmen
to arise, arose, arisen entstehen
A difficulty has arisen between them.
A white cloud arose in the distance.

to raise, raised, raised etwas anderes auf-, erheben, auf-, errichten
to ~ a stone, one's hand aufheben
to ~ a monument, building errichten
to ~ s.b. from the dead erwecken
to ~ money aufbringen
to ~ troops ausheben
to ~ a mutiny, quarrel verursachen
to ~ plants, cattle anbauen, züchten

to rouse, roused, roused aufwecken
to ~ s.b. from sleep aufwecken
to ~ s.b.'s anger, energy erregen, wachrufen
to ~ s.b. to action aufrütteln
to ~ oneself sich aufraffen

to arouse suspicion wecken, erregen

4

to (a)wake	**(a)woke,** (a)waked	**(a)waked,** (a)woke(n)
to (a)waken	**(a)wakened**	**(a)wakened**

aufwachen, erwachen, wachen
I woke up (awoke) early.
The nurse woke beside the sick man.
auch:
He awoke to the danger he was in.
sich einer Sache bewußt werden

aufwecken, erwecken, wecken
The noise woke me (up).
I was wakened (woke, waked) by the noise.
The insult awakened (awaked) his anger.
erregen, aufrütteln

Einige nicht stammverwandte, aber dennoch oft verwechselte Verben

82

1 He **arrived at** the station, **in** London.
ankommen

He **reach**ed the station, London.
erreichen

2 I am **convince**d that he is right.
überzeugen

She could not **persuade** him to give her the money.
überreden

3 The beggar tried to **deny** that he had taken the money.
leugnen, in Abrede stellen

He denied his children nothing.
verweigern (= refuse to give)

The beggar **refuse**d (declined) the invitation, the offer, help.
ablehnen, zurückweisen

He refused to stay, to help us.
sich weigern

4 Harvey **discover**ed the circulation of the blood.
entdecken

Watt **invent**ed the steam engine.
erfinden

5 They **rob**bed a bank.
berauben (den Besitzer)

They wanted to **steal** money.
stehlen (die Sache)

6 I shall **take part in** the discussion.
teilnehmen an

The discussion will **take place.**
stattfinden

4. Adverbien

83

1 **First** he bowed and then shook hands with me.
He comes first.
zuerst = als erster, als erstes
Ggs. dann

At first he did not want to enter,
but later (afterwards) he shook hands with me.
zuerst = anfänglich, zu Anfang
Ggs. später, zuletzt

Merke für 'erst':

He is **only** 4; it is **only** 4 o'clock.
I saw him **only (but)** yesterday. — erst (noch)
It was **not until** 9 o'clock that the doctor came. — erst (nicht eher als)
That makes it worse than before, all the worse. — erst recht schlimm

'erstens', *'zweitens'*, etc.: first (firstly), secondly, thirdly, lastly

2 Our boat came in **last**; he came last.
zuletzt = als letzter, als letztes

I saw her last in Bristol.
zuletzt = das letzte Mal
(for the last time — zum letzten Mal)

At first she was full of joy, but **at last** she wept bitterly.
zuletzt = schließlich, am Ende

Father came home at last (at length).
endlich

3 *Merke:* last (but) not **least**
zuletzt, nicht zu vergessen

Merke: **at least** wenigstens, zumindest

4 I can't come **at present.**
jetzt, in diesem Augenblick (now)

Wait for me, I'll come **presently.**
bald (soon), (so)gleich

5 **In short,** he is a fool.
kurzum (Zusammenfassung nach längerer Darstellung)

shortly after(wards); he'll be here shortly.
(in) kurz(em), bald

He answered shortly (= briefly).
in kurzen Worten (*auch:* schroff)

Merke: kürzlich = lately, recently, the other day

6 It rained **sometimes.** manchmal, gelegentlich	I have been waiting **some time.** eine Zeitlang I'll see him some time next summer. irgendwann einmal
7 He is (not) **always** at home on Sundays. immer	Has he **ever** been at home on Sundays? He is hardly ever at home. jemals *Merke:* for ever für immer ever since, ever after seitdem with ever increasing pleasure immer (wachsend)

D. Trügerische Wörter

84 Eine Reihe von englischen Wörtern, die deutschen Wörtern ähnlich klingen, sind für den Lernenden besonders problematisch, da sie zu falschen Deutungen verführen. Im folgenden wird nicht nur die richtige Bedeutung dieser Wörter angegeben, sondern gleichzeitig auch deren scheinbare Bedeutung ins Englische übersetzt. Um eine klare räumliche Gegenüberstellung zu ermöglichen, wird auf Beispielsätze verzichtet.

actual	*wirklich, tatsächlich*	**aktuell** *(gegenwärtig)*	topical (interest, news) current (affairs, events) urgent (problem)
advocate ['ædvəkɪt]	*Fürsprecher, Verfechter* an ~ of equal pay for woman	**Advokat** *(Anwalt)*	lawyer *(Jurist allg.)* barrister *(Anw. an höh. Gerichtshöfen)* solicitor *(Anw. an unt. Gerichtshöfen)* Am. attorney, counselor
alley	*schmale Gasse, Durchgang* blind ~ *Sackgasse*	**Allee**	avenue; road with trees
also	*auch*	**also**	thus, so *(Adv.)* therefore, consequently *(Konj.)*
anxious ['æŋkʃəs]	*besorgt um* ~ about her son's health *bedacht auf; bemüht zu* ~ to help	**ängstlich** *(furchtsam)*	timid, fearful; shy *(schüchtern)*
art	*Kunst, Geschicklichkeit*	**Art**	kind, sort *(Gattung)* manner, way *(Weise)*
artist ['ɑːtɪst]	*Künstler (z. B. Maler)*	**Artist**	circus performer, artiste [ɑː'tiːst]
bank	*1. Ufer; 2. Bank(haus)*	**Bank** *(zum Sitzen)*	bench
to become	*werden*	**bekommen**	to get, receive, obtain
to behold	*betrachten, erblicken*	**behalten**	to keep, retain
to blame	*tadeln; Tadel, Schuld*	**blamieren** **sich blamieren**	to expose s.b. to ridicule to make a fool of oneself

bride	*Braut (nur am Hochzeitstag)*	**Braut** *(Verlobte)*	fiancée [fɪ'ɑ̃:nseɪ]
brave	*tapfer*	**brav** *(artig)* *(anständig)*	good, well-behaved honest, upright
briefcase	*Aktenmappe, -tasche*	**Brieftasche**	wallet [ɒ]
can	*Blechkanne* (milkcan) Am. *Konservendose* (Brit. tin)	**Kanne**	pot *(Kaffee-, Teekanne)* jug *(Krug)*
Christendom	*Christenheit*	**Christentum**	Christianity
circle	*Kreis*	**Zirkel**	(a pair of) compasses
college	*Teil einer Universität, höhere Lehranstalt*	**Kollege**	colleague ['kɒli:g]; fellow teacher *(Lehrer)*
companion	*Begleiter, Kamerad*	**Kompagnon** *(Teilhaber)*	partner, associate
to concur [kən'kɜ:]	*zusammentreffen, übereinstimmen*	**konkurrieren**	to compete (with, for)
concurrence [kən'kʌrəns]	*Übereinstimmung*	**Konkurrenz**	competition
critic	*Kritiker*	**Kritik**	criticism
dome	*Kuppel*	**Dom**	cathedral [∼'θi:∼]
dumb	*stumm*	**dumm**	stupid, silly, foolish
eventually	*schließlich, endlich*	**eventuell**	*Adv.* possibly, perhaps *Adj.* possible, eventual
fabric ['fæbrɪk]	*Gewebe, Stoff, Struktur*	**Fabrik**	factory, mill (s. § 76)
floor	*Fußboden; Stockwerk*	**Flur**	corridor, hall
to flatter	*schmeicheln*	**flattern**	to flutter
genial	*heiter, fröhlich*	**genial**	ingenious, highly gifted
gift	*Gabe, Geschenk*	**Gift**	poison
gracious	*freundlich, gütig, gnädig*	**graziös**	graceful
gymnasium	*Turnhalle*	**Gymnasium**	secondary (grammar) school
harvest	*Ernte*	**Herbst**	autumn, *Am.* fall
high school	*Am. Schule für Schüler ab 11. Lebensjahr*	**Hochschule**	university, college, academy
hose	*Schlauch, langer Strumpf*	**Hose**	(pair of) trousers
hound	*nur Spür- u. Jagdhund*	**Hund** allg.	dog
housemaster	*Hausleiter (im Internat)*	**Hausmeister**	caretaker, *Am.* janitor
human	*menschlich*	**human**	humane [hju:'meɪn]
keen	*scharf; eifrig, begierig* (on)	**kühn**	bold, courageous, fearless
knave [neɪv]	*Schurke*	**Knabe**	boy
landlady	*Hauswirtin*	**Landfrau**	countrywoman
magistrate ['mædʒɪstreɪt]	*Richter an unteren Gerichtshöfen (Police Courts)*	**Magistrat**	town council
map	*(Land-)Karte*	**Mappe**	portfolio, briefcase *(Aktenmappe, -tasche)* schoolbag, satchel *(Schul∼)* folder *(Aktendeckel)*

mark	*Markierung, Zeichen; Note (Zensur)* trademark *Handelsmarke*	**Marke**	make *(Fabrikat)* brand *(Sorte)*
marmalade	*Orangenmarmelade*	**Marmelade**	jam
meaning	*Bedeutung, Sinn, Absicht*	**Meinung**	opinion, view
middle-aged	*mittleren Alters*	**mittelalterlich**	medieval
mist	*Nebel*	**Mist**	dung, manure
murder	*Mord*	**Mörder**	murderer
note	1. *Notiz, Anmerkung* 2. *einzelne Note (Musik)* 3. *Banknote*	**Note(n)**	*(Zensur)* mark *(Notenheft)* music (book)
novel	*Roman*	**Novelle**	short story, short novel
ordinary	*gewöhnlich, alltäglich*	**ordinär**	vulgar, common, low
the other day	*neulich, vor einigen Tagen*	**am anderen Tag**	the following (next) day
to overhear	*zufällig hören, belauschen*	**überhören**	*(Worte)* to miss, not to catch, *(absichtlich)* to ignore
paragraph ['pærəgrɑːf]	*Absatz, Abschnitt, Stelle im Text*	**Paragraph**	section, article
physician	*Arzt*	**Physiker**	physicist
postmark	*Poststempel*	**Briefmarke**	(postage)stamp
pregnant	*schwanger*	**prägnant**	concise, significant
prospect ['prɒ~]	*Aussicht* (of *auf*), *Anblick*	**Prospekt** *(Werbeschrift)*	prospectus *(für eine Schule, ein Buch)* booklet, leaflet *(für e. Ferienort, Hotel)*
provision	*Vorrat, Vorsorge*	**Provision**	commission
rash	*übereilt, unbesonnen*	**rasch**	quick, swift, speedy
rate	*Maß, Verhältnis, Grad* at the ~ of *mit e. Geschwindigkeit, zu e. Preis* at any rate *auf jeden Fall*	**Rate**	instalment by ~s *auf Raten*
receipt [rɪ'siːt]	*Empfang, Quittung*	**Rezept**	prescription *(Medizin)* recipe *(Koch)* ['resəpɪ]
rent	*Miete, Pacht*	**Rente**	pension
to ring	*läuten*	**ringen**	to wrestle
salad ['sæləd]	*jeglicher Salat*	**Kopfsalat**	lettuce ['letɪs]
sensible	*fühlbar, merklich, vernünftig*	**sensibel**	sensitive *(empfindsam)*
shawl	*Umschlag-, Schultertuch*	**Schal**	scarf muffler *(aus Wolle)*
sister (hospital)	*Oberschwester*	**Schwester**	nurse *(Krankenhaus)*
snake	*Schlange*	**Schnecke**	snail
to spare	*sparen mit, jmd. etw. ersparen, entbehren*	**sparen** *(Geld)*	to save (s. § 76)
speck	*Fleck*	**Speck**	bacon

to spend	*ausgeben, verbrauchen, (Zeit) verbringen*	**spenden**	to give (generously)
spleen	*üble Laune*	**Spleen**	craze, (to be crazy)
to start	*beginnen; abfahren*	**starten** *(Flugzeug)*	to take off
to starve	*(ver)hungern* to starve to death	**sterben**	to die
stool	*Schemel*	**Stuhl**	chair
stream	*Bach; Strom von Worten, etc.; Strömung*	**Strom** *(großer Fluß)*	river
strong	*stark*	**streng**	severe, rigid, strict
technique [tek'ni:k]	*Technik eines Künstlers, Art der Ausführung, Fertigkeit*	**Technik** *(als Wissenschaft)*	technical science, technology
trouble	*Mühe, Verdruß, Sorge*	**Trubel**	disturbance; bustle, confusion
undertaker ['ʌn~]	*Leichenbestatter*	**Unternehmer**	manager employer *(Arbeitgeber)* contractor *(vertragl. U.)*
virtuous	*tugendhaft*	**virtuos**	masterly
to wander	*umherstreifen, ziellos bummeln*	**wandern** *(als Sport)*	to hike to hitch-hike *(per Anhalter reisen)*
warehouse	*Lagerhaus, Speicher*	**Warenhaus**	(department) store

Einige Wörter schließen zwar den dem deutschen Lernenden durch ihren Klang nahegelegten 85
Sinn ein, haben aber in erster Linie eine andere Bedeutung.

	bedeutet vor allem:	**daneben aber auch:**
barracks	*Kaserne*	*Baracken* = huts
delicate	*zart, fein, zerbrechlich*	*delikat, lecker* = delicious
discretion	*Besonnenheit, Belieben*	*Verschwiegenheit* = secrecy
famous	*berühmt*	*famos* = excellent
moonshine	*Schwindel, Unsinn* (all moonshine!)	*Mondschein* = moonlight
neck	*Hals*	*Nacken* = nape, back of the neck
process	*Fortschreiten, Verlauf, Verfahren*	*Prozeß, Rechtsverfahren* = law suit *(Zivilprozeß)* = trial *(Strafprozeß)*
residence	*Wohnsitz* (place of residence)	*Residenz*
seam	*Naht*	*Saum* = hem
sensation	*Empfindung, Gefühl*	*Sensation*
solid	*fest, dicht, stark*	*solide* = reliable, steady
true	*wahr, richtig, aufrichtig*	*treu* = faithful, loyal, etc.
Merke:		
minister *bedeutet nicht nur*	*Minister* = secretary of state	*sondern auch* *Geistlicher (einer Freikirche)* (*röm.-kath.* priest, *Church of Engl.* vicar, rector, curate)

IV.

GRAMMATIK

Das folgende Kapitel soll nicht das Grammatikbuch ersetzen; dazu ist es schon infolge seines geringen Umfangs kaum geeignet. Es soll aber den Blick des Oberstufenschülers, der in der Mittelstufe die grammatischen Erscheinungen im einzelnen kennengelernt hat, lenken auf Schwierigkeiten, die auch den Fortgeschrittenen immer wieder zu Fehlern veranlassen können. Die Präpositionen nehmen dabei einen großen Raum ein.

A. Präpositionen

Präpositionen dienen dazu, Beziehungen der Wörter oder Satzteile untereinander zum Ausdruck zu bringen. Sie haben nach dem fast völligen Fortfall von Flexionsendungen im Englischen besondere Bedeutung gewonnen. Wo z. B. im Lateinischen zahlreiche Kasusendungen gelernt werden müssen (domi; iussu; librorum bonorum), wird im Englischen das Fehlen solcher Endungen durch Präpositionen ausgeglichen (at home, by order, of good books).
Von der üblichen Aufzählung der Präpositionen in alphabetischer Reihenfolge wird hier abgewichen zugunsten einer Nebeneinander- und Gegenüberstellung von Gleichem und Ähnlichem bei den wichtigsten Präpositionen, um auf diese Weise Verwechslungen und andere häufige Fehler vermeiden zu helfen. Es wird unterschieden zwischen Präpositionen vor Substantiven und anderen, die von Adjektiven und Verben abhängig sind. Ob die Präpositionen im eigentlichen Sinne des Wortes oder als Konjunktionen und Adverbien gebraucht werden, bleibt unberücksichtigt, da es in der Praxis ohne Belang ist.

a. Präpositionen vor Substantiven

1. At, in und on in örtlicher Bedeutung

Grundbedeutungen:

at = *an einem Punkt*

at the corner, at the door, at the table	an der Ecke, Tür, am Tisch
at the station, at the seaside	am Bahnhof, an der See
at the foot of the hill	am Fuße des Hügels
at the beginning (end) of the story	am Anfang (Ende) der Geschichte
at the top (bottom) of the page	oben (unten) auf der Seite
at a ball, at a funeral, at a conference	auf e. Ball, e. Beerdigung, e. Konferenz
we were at a concert, at the theatre	wir waren in e. Konzert, im Theater
at work, at breakfast,	bei der Arbeit, beim Frühstück,
at home, at war, at sea	zu Hause, im Krieg, auf See

Merke: *by, near the window* ist weniger nahe als *at the window*
(in der Nähe = near, aber niemals *in the near!)*

in = *in einem Raum*

in England, in London	in England, in London
in (on) the Isle of Wight	auf der Insel Wight
in the country, in the meadow,	auf dem Lande, auf der Wiese,
in the field, in the market, in the world,	auf dem Feld, Markt, auf der Welt,
in the picture, in the sky	auf dem Bild, am Himmel

on = *auf einer Grundlage, an einer Linie*

on the table, on the roof	auf dem Tisch, auf dem Dach
on a farm, on earth	auf einer Farm, auf Erden
on this side, on the left (hand)	auf dieser Seite, auf der linken Seite
on the other hand	auf der anderen Seite = andererseits
on the wall	an der Wand
on the first floor	im ersten Stock
on a river, on a lake	am Fluß, am See
on the coast, on the bank of a river	an der Küste, am Flußufer
on the train (the bus, a plane, a ship)	im Zug, Bus, Flugzeug, auf e. Schiff (fahren)
on the way, on a journey	auf dem Weg, auf einer Reise

Beachte im einzelnen: 87

Ortsnamen

at Stratford, at Grasmere	Kleinstadt, Dorf = Punkt
in London, in Chicago	Großstadt = Raum
we live(d) in Stratford	Stadt, in der sich der Sprecher befindet oder befand = Raum

Arbeitsplatz

in a shop, in an office	Art des Arbeitsplatzes
at the Public Library, at Selfridge's	bestimmter Arbeitsplatz

Wohnung

in a hotel, in a cottage	Art der Wohnung
at the Swan Hotel, at 46 Victoria Street	bestimmte Wohnung, Adresse

in der Schule, Kirche, etc.

at (in) school, at (in) church, **in** prison	beim Unterricht, Gottesdienst, etc.
in the school, in the church, in the prison	im Schulgebäude, in der Kirche, etc.

bei meinem Onkel

at my uncle's	in meines Onkels Haus
with my uncle	mit dem Onkel zusammen

court

at court	bei Hofe
in court	vor Gericht

distance

We live **at some** (at a small, great) **distance** from London.	in einiger (geringer, großer) Entfernung von London
The noise can be heard **at a distance of** two miles.	in einer Entfernung von zwei Meilen
A ship could be seen **in the distance.**	in der Ferne

market

in the market (place)	auf dem Marktplatz
to **buy at** (on) **the market**	auf dem Markt, (beim Einkaufen)
to **be on** (in) **the market**	im Handel sein
to come into the m., put on the m.	auf den M. kommen, in den Handel bringen

sea, lake	
at the seaside	an der See (meist als Ferienort)
ships are **at sea,** on the sea	auf See
Dover is **on the sea.**	am Meer = on the coast
to **travel by sea**	auf dem Seeweg, in einem Schiff
Cleveland lies **on a lake.**	an einem See
to sail **on a lake**	auf einem See
side	
He sat **at** (by) **my side.**	an meiner Seite
They walked **side by side.**	Seite an Seite
Write **on this side** of the paper. – Let's walk on the other side of the road.	auf dieser, auf der anderen Seite
street, road	
in the street	Straße in der Stadt
on the road	Landstraße

2. At, in und on in zeitlicher Bedeutung

88 **Grundbedeutungen**

at = *zu einem genauen Zeitpunkt*

des Tagesablaufs	
at dawn, at daybreak, at sunrise	beim Morgengrauen, Tagesanbruch, Sonnenaufgang
at dusk, at sunset	bei Einbruch der Dunkelheit, Sonnenuntergang
at noon, at midnight	mittags, um Mitternacht
at five o'clock, at half past five	um fünf Uhr, um halb sechs
at that moment, at any moment	in diesem Augenblick, in jedem Augenbl.
des Jahresablaufs (Feste), des Lebensablaufs	
at Christmas, at Easter	(zu) Weihnachten, Ostern
at the age of forty	im Alter von

in = *in einem Zeitraum*

in the morning, in the evening	morgens, abends
in summer, in winter	im Sommer, im Winter
in 1945, in the 16th century	(im Jahre) 1945, im 16. Jahrhundert
in the reign of Queen Victoria	während der Regierung ...
in a short time	in kurzer Zeit

on = *an bestimmten Tagen (Wochentage, Datum)*

on Sunday, on Sundays, on weekdays	(am) Sonntag, sonntags, wochentags
on May 6th	am 6. Mai
on my birthday, on Christmas Day	an meinem Geburtstag, am Weihnachtstag

Beachte im einzelnen: 89

Tagesabschnitte

in the morning, afternoon, evening	morgens, nachmittags, abends
on the morning of my birthday	(an einem bestimmten Morgen
on a fine summer afternoon	Nachmittag
on the evening of Dec. 7th	Abend)
ohne Präp.: this evening, yesterday evening	

Feste

at Christmas, at Easter	(zu) Weihnachten, Ostern
on Christmas Eve, on Easter Monday	(bestimmte Tage)

Gelegenheit

on this (that) occasion	bei dieser Gelegenheit, aus d. Anlaß
at the first opportunity	bei der ersten Gelegenheit

beginning

at the beginning	am Anfang, zu Beginn (Zeitpunkt)
in the beginning	im Anfang, anfangs (Zeitraum)

end

The war was **at an end.**	zu Ende, vorbei, aus
(He was at the end of his patience.	am Ende sein mit etwas)
at the end of the street, of a letter	am Ende, hinten (örtlich)
He was successful **in the end.**	am Ende, schließlich (zeitlich)
three hours **on end**	ununterbrochen
(Her hair stood on end.	aufrecht, zu Berge stehen)

day

by day, in the daytime	bei Tage, am Tage
early **in the day**	früh am Tage
in these days; in those days	an diesen Tagen; damals
day by (after) day	Tag für Tag
on a fine day	an einem schönen Tage

night

at night, by night	bei Nacht, nachts
in (during) the night	in der Nacht
on a dark night	in einer dunklen Nacht
at the dead of night	in tiefer Nacht

time

at times	gelegentlich (sometimes)
at the appointed time	zur verabredeten Zeit
at that time; at any time	zu jener Zeit; zu jeder Zeit
We reached the town **at the same time.**	zur gleichen Zeit (Zeitpunkt)
We reached the town **in the same time.**	in der gleichen Zeit (Zeitraum)
We arrived **in** (due, good) **time** for tea, for the train.	zur rechten, richtigen Zeit, früh genug
(Ggs. out of time; too late	zur Unzeit; zu spät)

The train arrived **on time.**	pünktlich, zur festgesetzten Zeit
(Ggs. behind time	unpünktlich, mit Verspätung)
for a long time	lange
for the time being	vorläufig, unter den gegenwärtigen Umständen

3. Andere häufig verwechselte Präpositionen

90 a) *hinter:* **after - behind**

A policeman ran **after** the thief.	hinter dem D. her, um ihn zu fangen
A policeman walked **behind** the minister.	hinter dem M., nicht vor ihm

b) *vor (zeitl.):* **ago - before** (beide nachgestellt)

His mother died two years **ago.** (It was two years ago that his m. died, it is two years since his m. died.)	jetzt vor zwei Jahren, von der Gegenwart des Sprechers zurückgerechnet (Verb immer im Past Tense)
One year **before** his father had died. (the year before)	ein Jahr vorher, im Jahre vorher, von einem Zeitpunkt der Vergangenheit zurückgerechnet (Past Perfect)

Merke: vor (räumlich): **in front of** ('before' ist weniger gut)
The bus stops in front of our house.

c) *zwischen, unter:* **between - among**

There is a garden **between** the two houses.	zwischen zweien (örtlich)
Between two and five the pubs are closed.	zwischen zweien (zeitlich)
The money is to be divided between you and me.	zwischen zweien (übertrag. Sinn)
The teacher sat **among** the boys.	zwischen, unter mehreren (örtlich)
He divided the money among the poor people.	zwischen, unter mehreren (übertr.)
Aber: He divided his money **between** his **four** sons.	zw., unter mehreren (wenn nicht die Beziehung zu einer Menge oder Gruppe insgesamt, sondern zu jedem einzelnen Teil oder Glied für sich ausgedrückt wird.)

d) *außer:* **except (but) - besides**

All were present **except (but)** Roger.	ausgenommen (schließt aus: Roger nicht)

(**but** *nur nach Wörtern wie* all, no, nothing, nobody, anything, everywhere, *etc. und Fragewörtern, z. B.* Who but Roger ...?)

Many people were present **besides** Roger.	außer, neben (schließt ein: Roger auch)

Beachte: **besides** (Adv.) = außerdem, überdies
I don't like the car; besides, it is rather expensive.

Nicht zu verwechseln mit: **beside** (Präp.) = by the side of, neben
He sat beside me;
he was beside himself with fury. (außer sich)

e) *seit:* **for - since**

I have not seen him / he has been ill	**for two months,** / for a long time.	seit, für einen Zeitraum (wie lange?)
I have not seen him / he has been ill	**since Easter,** / since I came here.	seit einem Zeitpunkt (seit wann?)

Beachte die *Zeit:*

1. Reicht die mit *for (two months)* oder *since (Easter)* ausgedrückte Zeitspanne bis an die *Gegenwart* heran, so steht das *Present Perfect* (deutsch: Er *ist schon* ... krank; englisch: he *has been* ill ...).
Aber: He *was* ill for two months *last year*.

2. Liegt die mit *for* oder *since* bezeichnete Zeitspanne *vor* einem Zeitpunkt der *Vergangenheit*, so steht *Past Perfect*:
He *had been* waiting for half an hour, when she came.
The doctor came on Christmas Eve. John *had been* ill since Dec. 22nd.

(3. Wenn *since* einen Nebensatz einleitet (als Konjunktion), steht das Verb dieses Nebensatzes i. allg. im *Past Tense*
He has been ill since I *came* to London;
aber bei *to be* steht *Present Perfect*, weil der Zustand bis an die Gegenwart heranreicht
He has been ill since I *have been* in London.)

f) *mit:* **by - with**

to go, come, travel **by train, by boat, by bus** (in a bus), **by car** (in a car), **by land, by sea, by air** (*aber:* on horseback, on foot)	Verkehrsmittel
The letter was sent **by post;** the letter was written **by hand;** the machine was driven **by steam.**	Mittel
He killed the wolf **with a knife.** He made the bench with saw and hammer.	Werkzeug

g) *bis (örtlich):* **to - as far as**

We walked **to** the Tower and back.	Endziel
That day we travelled **as far as** London, the next day we reached Cambridge.	Teilziel

h) *bis (zeitlich):* **till (until) - by**

We must stay at home **till (until)** 5 o'clock.	die ganze Zeit bis 5 Uhr (nach 5 Uhr können wir weggehen)
We must be home **by** 5 o'clock.	spätestens bis um 5 Uhr (bis 5 Uhr können wir wegbleiben)
Merke: from 8 till (to) 12	
till (up to) now, till (to) this day	bis jetzt, bis heute

i) *über:* **over (across) - above - via (by)**

A lamp hangs **over** the table.	(genau) über (in Ruhe)
to walk over a bridge, jump over a hedge	über . . . hin (horizontale Bewegung)
a bridge **across** (over) a river	quer über . . . hin
to ride across (over) a field	

Ggs. **under:** The cat lies (creeps) under the sofa.
Underground lines go under the Thames.

The summit of the mountain is 2000 feet **above** sea level. – It is two degrees above zero.	über, oberhalb von (in Ruhe, ohne Berührung mit der Grundfläche)
The balloon rose above the clouds.	über, höher als (Bewegung von unten nach oben)

Ggs. **below:** The wreck lies a hundred feet below sea level.
It is two degrees below zero.

We go to England **via (by)** Calais.	über (Wegangabe)

k) *auf jeden Fall, auf alle Fälle*	*auf keinen Fall*
at all events, at any rate	on no account
in any case	in no case
by all means	by no means

4. Gleiche Präposition vor Substantiven ähnlicher Bedeutung

91 **at** *Maßbezeichnung (Preis, Grad, Geschwindigkeit)*

He bought it **at the rate of** £ 5 (aber: for £ 5).
The train travelled at the (a) rate of 60 miles.

at the rate of	zum Preise von, mit e. Geschwindigkeit von
at a high (low) price	zu einem hohen (niedr.) Preis
at full speed, gallop	mit voller Geschw., in vollem Galopp
at a temperature of	bei einer Temperatur von

at *auf Bitten, Veranlassung, Kosten von*

He did it **at your request.**

at the request of	auf Bitten von	(at your request)
at the expense of	auf Kosten von	(at your expense)
at the risk of	auf Gefahr von	(at your own risk)
At this news she fainted.	auf diese Nachricht hin	
At this command he left the room.	auf diesen Befehl hin	

by *Reihenfolge*

He had to do the same work **day by day.**

step by step, man by man, piece by piece	. . . für . . .
little by little, by and by	nach und nach
one by one	einer nach dem anderen
side by side	Seite an Seite
by the way, by the by(e)	übrigens

by *Beruf, Herkunft, Art*

He is a lawyer **by profession.**

by profession, by trade	dem Beruf nach, von Beruf	by accident, by chance	zufällig
by name	dem Namen nach	by degrees	allmählich
by birth	von Geburt	by force	mit Gewalt
by nature	von Natur aus	by heart	auswendig
by sight	von Ansehen	by means of	vermittels, durch
by my watch	nach m. Uhr		
by order of	auf Befehl von		
by instalments	auf Raten		

for *Ursache, Grund*

He stayed at home **for fear** of being seen.

for fear	aus Furcht	for this purpose	zu diesem Zweck
for fun	aus Spaß	for this reason	aus diesem Grund
for joy	aus Freude	for your sake	um deinetwillen
		for want of	aus Mangel an

Beachte: Statt *for* wird häufig auch *from (out of)* gebraucht:
from good motives, from ignorance, from (out of) jealousy, from (out of) pity; außerdem: through carelessness (Unachtsamkeit)

in *Art und Weise, begleitender Umstand*

He spoke **in a loud voice.**

in a loud voice	mit lauter Stimme
in this way	auf diese Weise
in answer to	als Antwort auf
in favour of	zugunsten von
in honour of	zu Ehren von
in memory of	zur Erinnerung an
in search of	auf der Suche nach
in my opinion	meiner Meinung nach
in all probability	aller Wahrscheinlichkeit nach
in English	auf englisch
in a hurry	in Eile
in fine weather	bei schönem Wetter
in all directions	in alle Richtungen

on *Grundlage einer Handlung, Verpflichtung (oder Gegenteil)*

He gave the ransom **on condition** that he was released.

on condition that	unter der Bedingung, daß	on business	in Geschäften
on principle	grundsätzlich	on duty	im Dienst
on purpose	absichtlich	on guard	auf Wache
on the contrary	im Gegenteil	on holiday	in Ferien
on an average	im Durchschnitt	on leave	auf Urlaub
on the whole	im ganzen	on request	auf Wunsch

b. Präpositionen nach Verben und Adjektiven

1. Gleiches Wort mit verschiedenen Präpositionen

92 **Verben**

1 The servant **admit**ted me **into** the house.	e. Person einlassen in
The student was **admit**ted **to** the examination.	e. Person zulassen zu
2 He **agree**d **with** me in the opinion that . . .	übereinstimmen mit
We **agree**d **in** everything.	übereinstimmen in
This food does not **agree with** me.	zuträglich sein, gut bekommen
We **agree**d **on** (about) leaving in time.	übereinkommen, einig werden über eine Sache
He **agree**d **to** my proposal.	einer Sache zustimmen
3 The salesman **applied to** the manager.	sich wenden an jmd.
He **applied for** a job.	sich bewerben um
4 We **arrive**d **at** the station, at Grasmere,	ankommen (an einem Punkt)
in London, in England.	ankommen (in einem Raum)
5 The officer **ask**ed **for** our passports.	fragen nach, bitten um
Your brother **ask**ed **after** you(r health).	sich nach dem Befinden einer Person erkundigen
We must **ask about** the buses.	sich nach e. Sache erkundigen
ohne Präp.: I asked him a question.	jmd. eine Frage stellen
I asked him why he had come.	jmd. nach etwas fragen
I asked him to come.	jmd. um etwas bitten
6 She **blush**ed **for (with)** shame,	erröten vor, aus
at his words.	erröten über, bei
7 He **call**ed **for** a glass of water.	verlangen, rufen nach, anfordern
The task **call**s **for** courage.	erfordern
I'll **call for** you tonight.	abholen
We **call**ed **on** our friends, **at** our friends' house.	einen kurzen Besuch machen, vorsprechen bei
I'll **call** (ring) you **up.**	jmd. telef. anrufen
8 I don't **care about (for)** those problems.	s. etwas machen aus, Interesse haben an
(I don't care what he says.)	
I don't **care for** a walk, for whisky.	gern mögen, lieben
Would you care for a glass of beer now?	(verneint und fragend)
He doesn't **take care of** his money.	achtgeben auf
I'll take care of the child.	sorgen für (= to care for)

9 He **change**d his cap **for** a bowler hat.	(ver)tauschen gegen
We must **change** here **for** Chester.	umsteigen nach
The prince was **change**d **into** a frog.	verwandeln in
10 The minister was **charge**d **with** an important mission.	beauftragen mit
He was **charged with** murder.	eines Verbrechens beschuldigen
What do you **charge for** these boots?	fordern (Preis)
11 How did it **come about?**	geschehen, sich zutragen
I **came across** an old book in my desk.	zufällig stoßen auf, begegnen
He **came for** the book.	kommen wegen, abholen wollen
12 **Compare** your essay **with** mine.	vergleichen mit (bei gleichartigen Dingen)
The parks of London can be **compare**d **to** lungs.	gleichstellen mit (bei verschiedenartigen Dingen)
13 The soldiers **complain**ed **of** (about) their food,	sich beklagen über
to the officer.	sich beklagen bei jmd.
14 He was **condemn**ed **to** imprisonment,	verurteilen zu
for stealing.	verurteilen wegen
15 Cakes **consist of** flour, sugar, eggs and milk.	bestehen aus
Her task **consist**s **in** writing letters.	bestehen in
She **persist**ed **in** doing it herself.	beharren auf
I **insist on** my demand.	bestehen auf
16 My uncle **deals in** coal.	handeln mit Ware
We have never **deal**t **with** Smith.	Handel treiben mit einer Person, kaufen bei
His brother is difficult to **deal with.**	jmd. behandeln, umgehen mit jmd.
The **book deals with** political problems.	(Buch) handeln von
17 The boy **delighted (took delight) in** puzzles.	sich freuen an
He **was delighted with** the picture.	entzückt von
He **was delighted at** the news.	entzückt über
18 He **died of** an illness, of hunger, of grief, of old age, **from** a wound.	sterben an (innere Ursache)
He **died by** violence, by the sword, by fire.	sterben durch (Mittel)
to **die with** laughter	sterben vor
to **die for** one's country	sterben für
19 Children must learn to **distinguish between** good and bad.	unterscheiden zwischen zweien
Can you **distinguish** a wolf **from** a dog?	unterscheiden von
He **distinguished himself by** his knowledge.	sich auszeichnen durch
He is **distinguished for** his knowledge.	berühmt wegen

20 They **divide**d the money **among (between)** themselves.	teilen unter
The mother **divide**d the apple **into** four **parts** (aber: in halves, in two).	(ein)teilen in
Divide 20 **by** 4!	teilen durch, dividieren
21 In the end he had to **give in.**	nachgeben
We must **give up** all hope.	aufgeben
22 When did you last **hear of** (about) him?	etw. hören, erfahren über jmd.
I **heard from** his father about him.	hören, Nachricht erhalten von
23 He gave up all his **hope of** success.	Hoffnung auf
Let us **hope for** the best.	hoffen auf
24 He **inquire**d **of** the station master,	sich erkundigen bei, jmd. fragen
about trains to Chester.	sich erkundigen nach
after her health.	s. nach jmds. Befinden erkundigen
25 He **introduce**d her **to** his parents.	e. Person e. anderen vorstellen, bekanntmachen mit
Raleigh **introduce**d tobacco **into** Europe.	etwas einführen in
26 Do not **judge of (about)** a man,	urteilen über
by (from) his appearance.	urteilen nach
27 Do not **lean against** the wall;	sich lehnen an, gegen
on the table.	sich stützen auf
28 They **lived on** potatoes for months.	leben von
He **lives by** selling watches.	seinen Lebensunterhalt haben durch
He **lives with** his uncle (**at** his uncle's).	wohnen bei
29 **Look about** you.	sich umsehen
Look after the baby.	sehen nach, sorgen für
Look at the picture, at your exercise again.	ansehen, blicken auf
He **look**ed **down upon** his father,	herabsehen auf jmd.
up to his father.	zu jmd. aufblicken
Look for the key.	suchen nach
I am **look**ing **forward to** seeing you.	sich freuen auf
Will you **look in** tonight?	e. kurzen Besuch machen
She **look**ed **into** the mirror, into his face. (*aber:* She looked him in the face.)	hineinsehen in
Will you **look into** the matter again?	untersuchen
He was **looked (up)on as** an expert.	betrachten als
I prefer playing cricket instead of **look**ing **on.**	zuschauen
Look over your essay again.	durchsehen, überprüfen
Look out! Be careful!	nimm dich in acht!

	I must **look through** these papers before the examination.	sorgfältig durchlesen
	Look to it that he does not run away.	achtgeben auf
	Look the word **up** in a dictionary.	nachschlagen
30	Do **have (take) pity on** me.	Mitleid haben, fühlen mit
	Don't they **feel pity for** the poor girl?	
31	The policeman **pointed at** the traffic sign,	(mit d. Finger) zeigen auf
	a pistol at me.	richten auf
	His remarks **pointed to** some general rules.	die Aufmerksamkeit lenken auf, hinweisen
	The teacher **pointed out** several mistakes.	aufzeigen
32	Can I **speak to** Mr Smith?	jmd. (an)sprechen, mit jmd. sprechen
	I **spoke with** him for an hour.	mit jdm. sprechen, sich unterhalten mit
	What were you **speak**ing **about**?	sprechen über, von
	He never **speaks of** his brother.	erwähnen, (kurz) sprechen von
	The headmaster **spoke on** English history.	sprechen, e. Rede halten über
	Speak up (out)!	Sprich lauter!
33	The boy **stay**ed **away** from school.	wegbleiben
	He **stayed in (out)** all night.	im Hause (außerhalb d. H.) bleiben
	We **stay**ed **up** till twelve.	aufbleiben
	When I was in America I **stay**ed **with** my sister.	bleiben bei jmd., zu Besuch sein bei
34	He **took** the thief **by** the collar.	fassen an, packen bei
	I **took** him **for** an Englishman.	jmd. fälschlich halten für
	He **took off** his boots.	ausziehen
	The plane **took off** at 6 o'clock.	starten (Flugzeug)
35	I never **thought of** it.	denken an
	Think about it again.	nachdenken über, überlegen
36	The result **turn**ed **out to be** wrong.	sich herausstellen als
	Frost **turn**s water **into** ice.	verwandeln in
	The little boy **turn**ed **to** his mother for help.	sich wenden an
37	We had to **wait for** the bus.	warten auf
	We had three servants to **wait on** us.	jmd. bedienen
38	She **wept over (at)** the loss of her money.	weinen über
	She **wept for** her son.	weinen um jmd.
	She **wept with (for)** joy.	weinen vor
39	He **wrote to** his parents **about** his voyage.	schreiben an ... über ...
	Shall we **write in** ink or in pencil?	schreiben mit (Aussehen der Schrift)
	Shall we **write with** a pen or with a pencil?	schreiben mit (Instrument)

93 Adjektive und Partizipien

1 She was **angry (annoyed) with** her son for his laziness.	böse, ärgerlich sein auf eine Person
She was **angry (annoyed) at** (about) her son's laziness.	böse, ärgerlich sein auf eine Sache
2 She was **anxious about** her son's health,	besorgt um
for amusement.	begierig auf
3 The beggar was **blind in** the right eye.	blind auf (e. Auge)
The teacher was **blind to** his own defects.	blind gegen (Fehler)
The boy was **blind with** passion.	blind vor (Wut)
4 He is **dependent (depends) on** his father's help.	abhängig von
He is **independent of** his father's help.	unabhängig von
5 He was **desirous of** being alone.	begierig nach
He had a strong **desire for** being alone.	Wunsch, Verlangen nach
6 He is **engaged in** writing a book,	beschäftigt mit
to a pretty girl.	verlobt mit
7 His name is **familiar to** me.	wohlbekannt
He is **familiar with** English history.	vertraut mit
8 The table is **made of** wood.	gemacht aus (Herstellungsmaterial noch erkennbar)
Gas is **made from** coal.	gemacht aus (Herstellungsmaterial nicht mehr erkennbar)
9 He is **proud of** his success.	stolz auf
He **take**s **pride in** ..., he **pride**s **himself on** ...	
10 Father is **tired of** waiting for you,	einer Sache überdrüssig
with (from) the long ride.	ermüdet von

2. Gleiche Präposition nach Verben und Adjektiven ähnlicher Bedeutung

94 **at** *Zielpunkt; Punkt, auf den eine Handlung zielt*
Punkt, auf den man zielt

He **aimed at** the tiger.

to aim at	(ab)zielen auf, streben nach
to fire at	feuern auf
to knock at	klopfen an
to point at	zeigen auf
to shoot at	schießen auf
to throw at	werfen nach

He **looked at** his mother.

to look at	blicken auf, nach
to gaze at	(lange) blicken auf
to glance at	(flüchtig) blicken auf
to stare at	starren auf

at *Ansatzpunkt einer Gemütsbewegung*

He **laughed at** the joke.

to laugh at	lachen über	alarmed at	bestürzt über
to smile at	lächeln über	amazed at	verblüfft über
to blush at	erröten über	astonished at	erstaunt über
to grumble at	murren über	angry at s. th.	ärgerlich über
to mock at	spotten über	annoyed at s. th.	ärgerlich über
to rejoice at	s. freuen über	delighted at	entzückt über
to shudder at	schaudern vor	frightened at	erschreckt über
to weep at	weinen über	furious at	wütend über
to wonder at	s. wundern über	grieved at	betrübt über
		happy at	glücklich über
		shocked at	entsetzt über
		surprised at	überrascht über

at *geistiges Können in einem Fach*

He is **good at** Latin.

good (bad) at	gut (schwach) in	quick at	schnell in
clever at	klug in	slow at	langsam in
aber: weak in	schwach in		

by *halten, greifen, führen bei (an) e. Körperteil, Kleidungsstück*

He **seized** the thief **by** the arm (collar).

to seize by	greifen bei, an	to lead by (a horse by the bridle)	führen an
to catch by	packen bei, an		
to hold by	halten bei, an	to take by	nehmen bei, an

for *Ziel eines Strebens*

a) *aufbrechen, abreisen* He **started for** Sidney last month.

to start for, to set out for	aufbrechen nach
to depart for, to leave for	abreisen nach
to embark for	sich einschiffen nach
to (set) sail for	abfahren (mit e. Schiff), absegeln
to be bound for	(Schiff) unterwegs nach

b) *streben nach* He **looked for** the key.

to look for	suchen nach	anxious for, eager for	begierig nach, auf
to search for	suchen nach		
to seek for	suchen nach	greedy for (of)	gierig nach
to ask for	fragen nach	hungry for	hungrig auf
to call for	verlangen; erfordern		
to hope for	hoffen auf		
to long for	s. sehnen nach	desire for	Verlangen nach
to send for	schicken nach	love for	Liebe zu
to wait for	warten auf	preference for	Vorliebe für

for *Ursache, Grund*

The town is **famous for** its buildings.

famous for celebrated for distinguished for noted for	berühmt wegen
known for	bekannt wegen
remarkable for	bemerkenswert wegen

I **hate** him **for** his arrogance.

to hate for	hassen wegen
to praise for	loben wegen
to blame for	tadeln wegen
to punish for	bestrafen wegen

Merke: to pay for s.th. — etw. bezahlen
to pay s.b., a bill — jmd. bezahlen, e. Rechnung bez.

from *fernhalten, trennen von, hindern an*

Britain is **separated from** the Continent by the Channel.

to separate from	trennen von	far from distant from remote from	entfernt von
to keep away from	sich fernhalten von		
to remove from	fortschaffen von	to hinder from to keep from to prevent from	hindern an
to retire from	(sich) zurückziehen von		

befreien, erlösen, entkommen von

to free from to deliver from	befreien von	to escape from	entkommen von
		to flee from	fliehen vor
to release from	erlösen von	to recover from	s. erholen von

schützen, retten, verbergen vor

to protect from to guard from to secure from to shelter from	schützen vor	to defend from	verteidigen vor
		to preserve from	bewahren vor
to save from to rescue from	retten vor	to hide from to conceal from	verbergen vor

schließen aus, unterscheiden von

to conclude from	schließen aus	to distinguish from	unterscheiden von
to judge from	urteilen nach	to differ from	sich unterscheiden von
to result from	sich ergeben aus		

Merke: to suffer from — leiden an

in *Beschäftigung, Teilnahme*

He is **engaged in** writing a letter.

to be engaged in	beschäftigt sein mit	to share in	Anteil haben an
to succeed in	Erfolg haben mit, bei	to deal in	handeln mit
to fail in	Mißerfolg haben mit, bei	to join in	sich beteiligen an
to take part in	teilnehmen an		

geistige Teilnahme: Freude, Interesse, Glauben

He is **interested in** politics.

to be interested in	interessiert sein an	(interest in)
to delight in to rejoice in	sich erfreuen an	(delight in) (pleasure in)
to trust in	vertrauen auf	(trust in)
to believe in	glauben an	(belief in)

in *Reichtum, Mangel an*

England is **rich in** coal.

rich in	reich an	*aber:* wealth of
abundant in	sehr reich an	abundance of
poor in	arm an	poverty of
young in (years)	jung an	
weak in (Latin)	schwach in	
lacking in (courage) wanting in	es fehlen lassen an	lack of want of, shortage of

into *verwandeln in etwas*

Turn (put) the word **into** the plural.

to turn into to put into to change into	verwandeln in	to translate into to develop into	übersetzen in s. entwickeln zu

aber: to break (fall) to pieces in Stücke brechen (fallen)

of *geistige Tätigkeit: Sprechen, denken, wissen etc.*

Don't **think of** it any longer!

to think of	denken an	to dream of	träumen von
to speak of	sprechen über, von	to know of	wissen von
to inform of	benachrichtigen von	to despair of	verzweifeln an
to assure of	einer Sache versichern	to remind s.b. of	jmd. an etwas erinnern
		to repent of	eine Sache bereuen
to convince of	überzeugen von		
to boast of	s. einer Sache rühmen	conscious of	einer Sache bewußt
		ignorant of	einer Sache unkundig
to judge of	urteilen über	sure of	einer Sache sicher

of *Ursache einer Gemütseinstellung*

He was **afraid of** the dog.

to be afraid of	sich fürchten vor	proud of	stolz auf
to be ashamed of	sich einer Sache schämen	jealous of	eifersüchtig auf
to be fond of	etw. gern haben	glad of	froh über
weary, tired of	einer Sache überdrüssig		

auch Ursache einer Anklage

to accuse of	einer Sache anklagen	guilty of	schuldig an
to acquit of	freisprechen von	innocent of	unschuldig an

on *Grundlage des Handelns*

Can I **rely on** your help?

to rely on	sich verlassen auf	influence on	Einfluß auf
to depend on	sich verlassen auf, abhängen von	effect on	Wirkung auf
to count on	zählen auf	to be keen on	scharf sein auf
to spend money (time) on	etw. aufwenden für		

to *Richtung auf eine Person oder Sache (mit Worten, Bitten, etc.)* (siehe auch § 118)

She **addressed** the letter **to** her friend.

to address s. th. to	richten an	to refer to	s. beziehen auf
to allude to	anspielen auf	to write to	schreiben an
to appeal to	sich wenden an, berufen auf	to confine to / to limit to	beschränken auf
to apply to	sich wenden an, anwenden auf	to extend to	s. erstrecken auf
to answer to / to reply to	antworten auf	to bow to	s. verbeugen vor

Vorteil, Nachteil für eine Person oder Sache

The situation is very **dangerous to** you.

acceptable to	annehmbar für	favourable to	günstig für
advantageous to	vorteilhaft für	interesting to	interessant für
agreeable to	angenehm für	useful to (a person) (for a purpose)	nützlich für
dangerous to	gefährlich für		

ebenso: a danger, poison, lesson, warning, etc. to

Einstellung, Verhalten gegen(über)

The teacher was very **kind to** him.

kind to	freundlich gegen	grateful to	dankbar gegen
polite to	höflich gegen	obedient to	gehorsam gegen
cruel to	grausam gegen	just to	gerecht gegen
severe to	streng gegen	deaf to	taub gegen
faithful to	treu gegenüber	blind to	blind gegen

ebenso: kindness, obedience, cruelty, etc. to(wards); *aber:* to obey *ohne Präp.!*

befestigen, festhalten an (auch im übertragenen Sinne)

The sailor **fastened** his boat **to** the post.

to attach to / to fasten to / to tie to	befestigen an	to stick to	festhalten an
		to be used/ accustomed to	gewöhnt sein an
to bind to	anbinden an	to be married to	verheiratet sein mit
to cling to	s. klammern an	to be engaged to	verlobt sein mit

with *Ursache für einen körperlichen oder seelischen Zustand*

The boy **trembled with** fear (rage, joy, anger, pain, etc.).

to tremble with	zittern vor	ill, sick with	krank vor
to shiver with (cold, fever)	zittern vor	mad with	verrückt vor
		pale with	blaß vor
to blush with	erröten vor	stiff with	steif vor
to faint with	schwach werden vor	tired with	müde vor
to shout with (joy)	schreien vor (Freude)	wet with	naß vor
to be beside o.s. with	außer sich sein vor		
to be pleased with	erfreut sein über		
to be delighted with	entzückt sein über		
to be struck with	ergriffen sein von		

Merke außerdem:	to fall in love with	sich verlieben in
	to find fault with	etwas auszusetzen haben an
	to put up with	sich abfinden mit
	to reproach with (for)	tadeln wegen

B. Schwierigkeiten im Gebrauch der übrigen Wortarten

Im Unterschied zu den üblichen 'Grammatiken', die die sprachlichen Erscheinungen systematisch und vollständig behandeln, werden hier nur bestimmte Schwierigkeiten, die häufig zu Fehlern führen, ausgewählt und damit leichter überschaubar gemacht. Im Vordergrund stehen die englischen Mustersätze, die sich im Interesse einer leichteren Einprägung auf einfachen Wortschatz beschränken. Sie werden meistens durch eine Regel erläutert; in einigen Fällen, wo die Fehlerquelle in einem bestimmten Wort liegt, wird auf die Erklärung verzichtet. Die deutsche Übersetzung bezieht sich i. allg. nur auf die schwierige Stelle, die auf diese Weise noch deutlicher herausgehoben wird.

1. Substantiv

Geschlecht und Plural 95

1 Where is my **pencil?** I cannot find **it.** — Ich kann **ihn** nicht finden.

Sachen und Begriffe sind *sächlich;*
Ausn.: Länder (außer als rein geogr. Begriffe), Schiffe u. Maschinen sind oft weiblich.

2 In the evening **children** must wash their **feet** and brush their **teeth.** — Kinder, Füße, Zähne

Beachte die besonderen *Pluralformen!* Außerdem: *men, women, geese, mice, oxen.*

3 Mother's **hair is** grey. — Mutters **Haare sind** grau.
How many **fish** did he catch? — Wie viele **Fische**...

Sammelnamen wie *hair, fruit, coal* stehen im *Singular*. Nur in Singularform auch: *fish, sheep.*
Ausn. bei Einzelteilen: Father has *some grey hairs.* Selten *fishes* (Fischarten).

4 He gave us **much** good **advice;** so we made good **progress** in our **knowledge** of English. — vie**le** gut**e** Ratschläg**e**, Fortschritt**e** in Kenntniss**en**

Advice, progress, knowledge sind immer *Singular,* ebenso *furniture, information.* Vereinzelung (und Pluralbildung) mit: *a piece of advice, information, furniture (some pieces of furniture).* Unbest. Artikel nur bei *knowledge* möglich: *a good knowledge of English.*

5 Here **is** the latest **news.**	Hier sind die neueste**n** Nachricht**en.**
a piece of news	**eine** Nachricht

Auch *news* wird immer als *Singular* gebraucht.

6 **The USA has** 250 million inhabitants.	Die USA **haben** . . .

7 **These scissors are** not sharp; give me **another pair**! (A pair of scissors)	Diese Schere **ist** . . . **eine andere.** (Eine Schere)

Aus zwei gleichen Teilen bestehende Dinge (alle Arten von Hosen, Zangen, Brillen, etc.) stehen im *Plural.* Einzelstücke werden durch *a pair of . . ., two pairs of* . . . bezeichnet.

8 The **contents** of this book **are** interesting.	Der Inhalt **ist** . . .

Substantive, die *Einzeldinge zu einem Ganzen zusammenfassen,* stehen im *Plural (belongings, clothes, goods, riches, surroundings, thanks, wages, etc.).*

9 There were a lot of **people** in the street.	Leute
The president is elected by the **people.**	Volk
the **peoples** of Asia	Völker

10 Three **million (thousand, hundred, dozen)** eggs	drei Million**en** (. . . drei Dutzend)
millions (thousands, hundreds, dozens) of eggs	Millionen (. . . Dutzende) von . . .
three **million** five hundred thousand	drei Millionen
(She inherited three **millions.**)	drei Millionen

Nur wenn *kein Zahlwort* vorangeht, aber *of + Substantiv* folgen, erhalten *million, thousand, hundred, dozen* ein Plural-*s.* (*Million* auch nach einem Zahlwort, wenn kein Substantiv oder eine kleinere Zahl folgen.)

11 I paid two **pounds** for it.	zwei **Pfund**
He is six **feet** tall (*also:* six foot three).	sechs **Fuß**

Maß- und Wertangaben stehen nach Zahlwörtern im *Plural.*
(In zusammengesetzten Adjektiven aber im Singular: a five-pound note.)

12 They shook **their heads.**	Sie schüttelten **den Kopf.**
A great number of people lost **their lives.**	Viele verloren **das Leben.**
We made up **our minds.**	Wir entschlossen uns.

Bei Bezug auf mehrere Personen stehen *Körperteile, Kleidungsstücke, life, mind* und ähnliche Wörter im *Plural.*

96 Genitiv

13 My friend'**s** book	meines Freundes
my friends**'** books	meiner Freunde
James**'s** book	James Buch

Nach dem *Plural-s* wird nur ein Apostroph angehängt.
Bei Eigennamen auf *-s* aber gewöhnlich *'s.*

14 A friend of my father'**s**	ein Freund meines Vaters
one of my father's friends	ein Freund von meinem Vater
my father's friend	meines Vaters Freund

Beachte: In jedem Fall steht der *Genitiv mit 's.*

15 A **two hours'** walk, a **two-hour** walk — ein zweistündiger Sp.
a **three miles'** walk, a **three-mile** walk — ein Sp. von drei Meilen

Zur Bezeichnung eines *Zeitraums* (einer *Entfernung*) kann der *s-Genitiv* oder ein *zusammengesetztes Adjektiv* (nie Plural-s) stehen. (Auch *Genitiv mit of:* a walk of three miles.)
Kein s-Genitiv: A seven-year-old boy, a boy of seven
Nur der s-Genitiv kann stehen bei: The Seven Years' War

16 The sufferings **of the poor** — die Leiden der Armen
the roof **of the house** — das Dach des Hauses

Bei substantivierten Adjektiven und i. allg. auch bei Sachen steht kein s-Genitiv.

17 The **town of** York, the **kingdom of** Denmark, — die Stadt York, das Königr. D.,
the **month of** May, the **title of** duke. — der Monat Mai, der Titel Herzog

Bei *Namen nach geogr. Begriffen* und nach *month, title, game, kind* steht die *Beifügung mit of.*
Ausn. *mount, lake, river:* Mount Everest, the river Thames. Außerdem: *In the year 1965.*

2. Artikel

Bestimmter Artikel 97

1 Philip	*Eigennamen*	ohne Art.
the tall Philip	in Verbindung mit Adjektiven	mit
dear old Philip	Ausn.: *young, old, dear, little, poor, good, saint (St.)*	ohne
Uncle Philip	in Verbindung mit Verwandtschaftsbez.	ohne
Duke Philip	und englischen Titeln,	ohne
the Duke **of** Edinburgh	aber wenn Substantiv mit *of* folgt	mit
Philip, Duke of Edinburgh,	*Apposition* bei Titeln	ohne
husband of the Queen	und Verwandtschaftsbezeichnungen	ohne
Edinburgh, **the** capital of Scotland	ansonsten	mit

2 **Turkey** and **Switzerland** are mountainous countries. — **Die** Türkei und **die** Schweiz
southern England, modern England — **das** südliche, **das** moderne England

Ländernamen stehen *ohne Artikel*, auch in Verbindung mit Adjektiven wie *ancient*, *northern*, *central,* etc., die mit dem Namen einen einheitlichen Begriff bilden.
Ausn.: Ländernamen im Plural (the USA, the USSR, the Netherlands; the Orkneys)

3 **Snowdon** is in Wales, **Ben Nevis** in Scotland, the Matterhorn in Switzerland. — **Der** Snowdon, **der** Ben Nevis, das Matterhorn

Einheimische *Berge* englischsprachiger Länder stehen *ohne*, ausländische z. T. *mit* Artikel.
Merke: Alle Verbindungen von *Namen* (ohne *of*) *mit Mount*, *Cape*, *Lake*, *Bay* stehen *ohne* Artikel (Mount Everest, Cape Kennedy, Lake Erie, Hudson Bay *aber* the Lake of Geneva).
Aber Namen von *Gebirgen* (Plural), *Flüssen und Meeren* stehen *mit* Artikel:
The Alps, the Thames, the Atlantic.

4 **Hyde Park, Tower Bridge** — **der** Hyde Park, **die** Towerbrücke
Namen von *Straßen, Parks, Gebäuden,* etc. stehen *ohne* Artikel. Aber: the Tower (of London).

5 **Birds** can fly very high. — **Die** Vögel . . .
How quickly **time** passes. — **die** Zeit
Gold is a precious metal. — (**Das**) Gold . . .
Gattungsnamen, Abstrakta und Stoffnamen stehen *ohne* Artikel, wenn sie nicht näher bestimmt sind.

6 Every morning we go to **school,** to **church.** — in **die** Schule, in **die** Kirche
Bei *school, church, prison, hospital,* etc. steht *kein* Artikel, wenn nicht die Gebäude, sondern *abstrakte Begriffe* gemeint sind (Unterricht, Gottesdienst).

7 **Most people** in the village are farmers. — **Die** meisten Leute . . .
Most im Sinne von *fast alle, der größte Teil* steht *ohne* Artikel.

8 **All the people** in the village are farmers. — Alle Leute . . .
All im Sinne von *alle aus einer bestimmten Anzahl* steht *mit* Artikel.
Beachte: Der Artikel wird bei *all, half, double, both* nachgestellt.

98 Unbestimmter Artikel

9 He is **a doctor, an American, a Catholic.** — Er ist Arzt, Amerikaner, Katholik.
Bei der Angabe von *Beruf, Nationalität und Religion* steht im Gegensatz zum Deutschen der *unbestimmte Artikel;* außerdem nach *as* (as a present).

10 **A (one) hundred, a (one) thousand** miles — hundert, tausend Meilen
Vor *hundred* und *thousand* steht der *unbest. Artikel* oder eine Zahl.

11 What fun! What nonsense! — Was für **ein** Spaß, **ein** Unsinn!
Der unbestimmte Artikel steht *nur bei zählbaren Einzelbegriffen* (What a fool! What a foolish idea!) Ausn.: What a pity! What a shame!

12 **Such a** cold night — eine so(lch) kalte Nacht
So cold **a** night
Der unbestimmte Artikel wird *nachgestellt* bei: *such a, many a* (mancher), *half a,* oft auch bei *quite a, rather a.*
Er steht hinter dem mit *as, so, too, how, however* verbundenen Adjektiv.

3. Pronomen

99 Personalpronomen (die Wiedergabe von *es*)

1 Who is that boy? **He** is my friend. — **Es** ist mein Freund.
Whose books are these? **They** are mine. — **Es** sind meine.
Bei Bezug auf *vorher genannte Personen oder Sachen* (im Plural) steht statt des deutschen *es* im Englischen *he, she* oder *they.*

2 Will he help you? – I hope **so.** — Ich hoffe **es.**

Nach den Verben des *Sagens und Denkens (to think, to suppose, to believe, to say,* etc.) steht *so* für deutsch *es.*

3 His mother is ill. – Yes, **I know.** — Ich weiß **es.**

Bei Bezug auf etwas vorher Gesagtes hat bei *to forget, to know, to tell, to try* und *to show* das deutsche *es* im Englischen *keine* Entsprechung.

4 **There are** a lot of castles in North Wales. — **Es gibt** . . .

Once **there** lived a king. — **Es** lebte einst . . .

Als Hinweis auf ein *folgendes Subjekt* dient als *Vorsubjekt there.*

5 I like to go to bed early. — Ich liebe **es,** . . .

Als Hinweis auf einen *folgenden Objektsatz* hat das deutsche *es* im Englischen *keine* Entsprechung.

Reflexivpronomen (S. auch § 118, Nr. 68–70.) **100**

6 **I** saw the king **myself.** — Ich selbst . . .

I saw **the king himself.** — . . . den König selbst

7 She shut the door **behind her.** — hinter **sich**

He had no money **with him.** — bei **sich**

Nach *Präpositionen,* die eine *räumliche Beziehung* ausdrücken, steht rückweisend statt des dt. Reflexivpronomens im Englischen das *Personalpronomen.* Aber: He was left all by himself (allein); they were beside themselves with joy (außer sich vor Freude).

8 The two loved **each other.** — Die beiden liebten **sich.**

The three friends helped **one another.** — halfen **einander**

Zum Ausdruck der Wechselseitigkeit steht *each other, one another* (bei *to kiss, to meet* fällt es oft fort).

Possessivpronomen **101**

9 He came with **his** hat in **his** hand. — mit **dem** Hute in **der** Hand

Im Ggs. zum Deutschen steht im Englischen bei *Körperteilen, Kleidungsstücken, life, mind* und ähnlichen Wörtern das adjektivische *Possessivpronomen* (aber nur bei Bezug auf das Subjekt und im aktiven Satz!). Vgl. § *95, 12.*

10 This is **his own** house. — sein eigenes Haus

He has **a** house (**three** houses) **of his own.** — ein eigenes Haus, drei eigene Häuser

Steht vor dem Substantiv der *unbest. Artikel* oder ein *Zahlwort* (auch *several, many,* etc.) so tritt *own* mit *of* hinter das Substantiv.

11 These books are my sister's. They are **hers.** — Es sind ihre (**die** ihrigen).

Das substantivische Possessivpronomen (*mine, yours, his, hers,* etc.) steht immer *ohne* Artikel.

12 **A** (some) friend(s) **of mine** — ein(ige) Freund(e) **von mir**
one (some) of my friends — einer (einige) von m. Freunden

Steht vor dem Substantiv *a* oder *some*, *any*, *both*, *every*, etc. so wird das substantivische Possessivpronomen mit *of* angeschlossen. Vgl. § 96, 14.

102 Demonstrativpronomen

13 **These** are my books. — **Dies** sind . . .
Whose books are **those?** — . . . sind **das?**

Bei Bezug auf ein Substantiv im *Plural* steht *these*, *those!*

14 This boy is taller than that **one.** — als jener
This tree is taller than that **(one).** — als jener
These boys (trees) are taller than those. — als jene

Im *Singular* muß bei Bezug des Demonstrativpronomens auf eine vorher genannte *Person this one*, *that one* stehen, bei *Sachen* kann *one* hinzutreten.

103 Interrogativpronomen

15 **Who(m) (what)** do you want to see? — Wen (was) willst du sehen?

Substantivisch gebraucht fragt allg. nach *Personen: who,* nach *Sachen: what.*

16 **Which of** these boys is your brother? — **Welcher** von diesen Jungen
Which do you prefer, beer or wine? — **Was** magst du lieber, B. oder W.?
Which boy? **Which** book? — **Welcher** Junge? **Welches** Buch?

Nach *Personen* und *Sachen* aus einer *bestimmten Anzahl* fragt: *which*, sowohl *substantivisch* als auch *adjektivisch* gebraucht.

17 **What** people? **What** books? — **Was für** Leute? **Was für** Bücher?

Adjektivisch gebraucht fragt allg. nach *Personen* und *Sachen: what (what kind of).*

18 **What** do you call this? — **Wie** nennt man das?
What is your name? What is the time? — **Wie** heißt du? **Wie** spät ist es?
What colour is the book? — **Welche Farbe hat** das Buch?

Nach der *Beschaffenheit*, etc. von *Personen* und *Sachen* fragt: *what* (nicht: how!).

104 Relativpronomen

19 The men**, who** were tired *(i.e. all of them)***,** stopped working.
This book**, which** has only fifty pages**,** is interesting.
} *Nicht-notwendige (nicht-restriktive) Relativsätze*

sind für das Verständnis des Hauptsatzes *entbehrlich*. Sie kommen fast nur noch in der *Schriftsprache* vor; in der gesprochenen Sprache wird statt eines solchen Relativsatzes meist ein zweiter Hauptsatz verwendet.

Who (whose, whom) steht für *Personen, which* für *Sachen,* abgetrennt durch *Komma.*

20 The men **who (that)** were tired *(i.e. only those)* stopped working.
The book **that (which, –)** I bought yesterday is interesting.
} *Notwendige (restriktive) Relativsätze*

sind für das Verständnis des Hauptsatzes *unentbehrlich*. Sie definieren das Beziehungswort, indem sie die Aussage auf eine bestimmte Menge, Art etc. beschränken; in der gesprochenen Sprache häufig.

Who (seltener *that*) für *Personen*, *that* oder *which* für *Sachen.*

Merke: Notwendige Relativsätze werden *nicht* durch eine *Sprechpause* oder durch ein *Komma* abgetrennt (vgl. § 71). – *That* steht nur in *notwendigen* Relativsätzen.

21 **All that** could be done was to wait. — Alles, **was** . . .
There was **nothing that** could please him. — nichts, **was** . . .
Alfred was one of the **greatest (first)** kings **that** ruled England. — einer der größten (ersten) Könige, **die** . . .

That steht nach *all* (,alles'), *everything, something* (auch *which*), *anything, nothing, much, little,* etc.
That steht meist nach *Superlativen* und *the first, the last, the only.*

22 This is the book (that) **I** read yesterday. — Buch, das ich las
This is the book **that** lay on the table. — Buch, das auf dem T. lag

In der Umgangssprache *fällt* in *notwendigen* Relativsätzen das Relativpronomen (meist *that*) *weg,* wenn es nicht Subjekt ist (Kontaktkonstruktion).

23 Is this the car (that) you were **talking about**? — das Auto, von dem du sprachst?
you are so **proud of**? — , auf das du so stolz bist?

Ist in *notw.* Relativsätzen das Relativpronomen von einer *Präposition* abhängig, so tritt diese meistens *hinter das Verb oder das Adjektiv,* zu dem sie gehört. Beachte: Vor *that* darf *nie* eine *Präposition* stehen. (Dagegen im *nicht-notw.* Relativsatz: His last car, of which he was very proud, was a Bentley.)

24 An old house **whose** roof was damaged — ein Haus, dessen Dach . . .

Whose kann nicht nur für Personen, sondern *auch für Sachen* (an Stelle des schwerfälligen *the roof of which)* verwendet werden.

25 The boys, **one (some, many) of whom . . .** — die Jungen, von denen einer . . .
The books, **one (some, many) of which . . .** — die Bücher, von denen eines . . .

Of whom und *of which* werden bei Ausdrücken der Menge *nachgestellt.*

26 His uncle left him only some books, **which** made him very angry. — . . ., **was** ihn ärgerte.

Auf den Inhalt eines *ganzen vorhergehenden Satzes* bezogen steht: *which.*

27 I gave him **all (that)** he wanted. — alles, **was** . . .
I gave him **what (= that which)** he wanted. — **das, was . . .**

Statt *all that* und *that which* kann *what* eintreten.
Das, was = that which oder *what*, aber nicht *that what!*

Indefinitpronomen **105**

28 There are **some** letters for you. — einige Briefe
Are there **any** letters for me? — (irgendwelche) Briefe
No, there aren't **any** letters for you. — Nein, keine.

Some steht für etwas *wirklich Vorhandenes* oder als vorhanden Gedachtes, das nur nach Art und Menge unbestimmt ist. Es steht meist in *bejahenden* Sätzen. (Aber auch: Do you want some more tea?/May I have some more tea? – Yes, of course. Der Tee ist vorhanden.)
Any bezeichnet etwas, dessen *Vorhandensein fraglich* ist oder *verneint* wird. Es steht daher meist in *fragenden, verneinten und bedingenden Sätzen.* (Vgl. auch § 76, Nr. 47)

29 *Jeder*, *beide* siehe in § *76*.

30 **Nobody (no one)** came. — keiner (allg.)
(I did not see anybody.)
He has three daughters. **None** is married. — keine(r) (aus einer best. Anzahl von mehr als zweien)
None of them (of the **three** girls) saw him.
Neither of them (of the **two** girls) saw him. — keine(r) von zweien

Bei *Bezug auf ein vorher genanntes oder folgendes Substantiv (Pronomen)* steht *none* (bei einer Auswahl von mehr als zweien) oder *neither* (bei zweien).

31 He has**n't much money** and **not many friends.** — nicht viel Geld, nicht viel(e) Freunde
He has **a lot of money** and **a lot of friends.** — viel Geld, viel(e) Freunde
He has **little money** and **few friends.** — wenig Geld, wenig(e) Freunde
He has **a little money** and **a few friends.** — ein wenig Geld, einige Freunde

Beim *Singular* stehen *much/little,* beim *Plural many/few.*
Gebrauche *much* und *many* aber i. allg. nur in *fragenden* oder *verneinten* Sätzen; im *bejahten* Satz nur als *Subjekt* oder in Verbindung mit *so, too, how, as* oder nach *if* und *whether.* Sonst verwende im *bejahten* Satz *a lot of, lots of, plenty of.*

4. Adjektiv und Adverb

106

Adjektiv

1 **Poorer and poorer, worse and worse, more and more** miserable. — **immer** ärmer, immer schlechter, immer elender.

Immer + Komparativ wird im Englischen ausgedrückt durch *Wiederholung des Komparativs* (bzw. von *more).*

2 The **next** road you come to is — nächste (in der Reihenfolge)
the **nearest** to town. — nächste (in der Entfernung)

3 What is the **latest** news? — letzte(n) (weitere folgen)
December is the **last** month of the year. — letzte (kein weiterer folgt)

4 He is **as tall as** his brother. — so groß wie
He is **taller than** his brother. — größer als

5 He is **no longer** at home. — nicht mehr (Zeit)
He has **no more** money. — kein Geld mehr (Menge)
He is thirsty and I am **no less** so. — nicht weniger

6 If it **seems good** to you, we'll do it. — gut erscheint
He **sat motionless.** — saß bewegungslos
He **looked angry.** — Er **sah** ärgerlich **aus.**
(He **looked angrily at** me. — Er **sah mich** ärgerlich **an.**)
It **sounds probable.** — Es klingt wahrscheinlich.
The apple **tastes (smells) good.** — schmeckt (riecht) gut
This news made him **happy.** — machte ihn glücklich

Das *prädikative Adjektiv* (nicht das Adverb) steht bei den Verben des *Seins*, *Werdens und Scheinens,* (oft) bei den Verben der *Ruhe und Bewegung* und bei anderen Verben, wenn nicht die Art der Handlung, sondern das Wesen des Subjekts oder Objekts näher bestimmt wird.

7 **The** rich, **the** dead, **the** English	**die** Reichen, d. Toten, d. Engländer
a rich **man, an** unknown **person, an** English**man**	**ein** Reicher, ein Unbekannter, ein Engländer
three blind **men, a hundred** dead **people,** fifty thousand Dutch**men**	**drei** Blinde, hundert Tote, fünfzigtausend Holländer

Ein Adjektiv wird zum Substantiv, wenn man den bestimmten Artikel davorstellt. Es bezeichnet dann die *Gesamtheit der Gattung* oder einer bestimmten Gruppe (kein Plural-s!). Sollen ein, mehrere, zahlreiche *Einzelwesen* bezeichnet werden, so muß ein *Stützwort* (man, woman, person, one) hinzugefügt werden.

8 That was the **first thing** (the **only thing**) he did.	das erste (das einzige)

9 They have only one bedroom, but a very large **one.**	ein sehr großes
Is this book your **own?**	dein eigenes (Buch)
Yes, I have about **a hundred.**	etwa hundert (Bücher)
The **first** I got was Robinson Crusoe.	das erste (Buch)
I still consider it one of **the best.**	für eines der besten (Bücher)

Um die Wiederholung eines kurz vorher genannten Substantivs zu vermeiden, tritt das *Stützwort one (ones)* zum Adjektiv.

Es steht *nicht* nach *own* und Grundzahlen, gewöhnlich auch nicht nach Ordnungszahlen und nach *Superlativen und Komparativen,* die mit dem bestimmten Artikel verbunden sind.

10 In (the year) nineteen hundred **and** sixty (In nineteen sixty)	(im Jahre) 1960

Bei Zahlen über 100 steht vor Zehnern (oder Einern) *and.*

Adverb 107

11 The train goes **direct** to Chester.	geradewegs, direkt
I'll call him **directly.**	sofort
He works **hard.**	schwer
He could **hardly** work.	kaum
She spells **right, wrong.**	richtig, falsch
She was **rightly (wrongly)** punished.	mit Recht, zu Unrecht

Einige Adverbien haben Doppelformen; die endungslose hat meist die eigentliche, die auf *-ly* die übertragene Bedeutung.

12 He **is fond of (likes)** reading.	Er liest gern.
He **prefers** reading.	Er liest lieber.
I am afraid (sorry that) I can't come.	leider
He is sure to come; **I am sure (that)** he will come.	sicher
I hope (that) he will come.	hoffentlich
I wonder if he is at home.	Ob er wohl . . .

Statt eines Adverbs bevorzugt der Engländer verbale Ausdrücke.

13 Speak **more distinctly**; work **more carefully.**	deutlicher, sorgfältiger

Adverbien auf *-ly* steigern mit *more, most.*

14 Father wrote a letter **in his office (last night).** — V. schrieb im Büro (. . .) einen Brief.
Father **quickly (often)** wrote a letter. — V. schrieb schnell (. . .) einen Brief.

Im Ggs. zum Deutschen darf das *Adverb nicht zwischen Prädikat und Objekt* stehen. Adverbien des *Ortes* und der *bestimmten Zeit* stehen am *Satzende* (oder am Satzanfang). Adverbien der *Art und Weise* und des *Grades (quickly, completely, almost),* sowie Adverbien der *Häufigkeit* und der *unbestimmten Zeit (always, never, often, already, soon)* stehen unmittelbar *vor dem Hauptverb.* Bei besonderer Betonung oder Bedeutung können auch sie am Satzende (oder Anfang) stehen: *Father wrote the letter very carefully. He speaks English fluently.*

15 He worked **carefully.** He went **slowly** out of the room.
She is **always** at home. They were **already** in bed.

Wenn kein Objekt folgt, bei *intransitiven* Verben stehen Adverbien der *Art und Weise* gewöhnlich *hinter* dem Verb. Ebenso stehen Adverbien der *Häufigkeit* meist *hinter* den einfachen Formen von *to be (am, is, are, was, were).*

16 I have **never** seen him again. — habe ihn nie wieder gesehen
He could **never** be seen again. — konnte nie wieder gesehen werden
(The letter has been **carefully written**. — ist sorgf. geschrieben worden)

In *zusammengesetzten Zeiten* steht das Adverb *hinter dem ersten Hilfsverb.* (Ein zum Partizip gehöriges Adv. der Art u. Weise steht unmittelbar vor diesem).

17 I was **in England** last year. — war letztes Jahr **in England**

Am Satzende steht die *Ortsbestimmung* vor der *Zeitbestimmung.*

18 The dog obeys **only** Father (only). — nur Vater
The children, **too,** obey Father. — auch die Kinder

Only steht unmittelbar vor dem Wort, das es bestimmt. (Wenn dieses das letzte Wort im Satz ist, kann *only* auch nachgestellt werden.)
Too steht hinter dem Wort, zu dem es gehört.

5. Verb

108 Vollständige Hilfsverben

1 She **has** fallen; they **had** gone. — Sie **ist** gefallen; sie **waren** gegangen.

Zur Bildung der zusammengesetzten Zeiten des Aktivs *aller* Verben (auch der der Bewegung) dient *to have.*

2 **Did** he come? (Who came?) — Kam er? (Wer kam?)
In vain **did** he come. — Vergeblich kam er.
He **did not** come. — Er kam nicht.
Do be quiet. – She **does** look ill. — Nun sei doch endlich ruhig.

Die *Umschreibung* mit *do* steht

1. bei der *Fragebildung* (außer wenn das Fragewort Subjekt ist);
2. wenn eine *verneinende oder einschränkende Bestimmung am Satzanfang* steht (vgl. § 120);
3. bei der *Verneinung* mit *not;*
4. zum Ausdruck *besonderen Nachdrucks.*

3 **Can** we see him? **Is** he at home? — Können wir ihn sehen? Ist er zu H.?
(Don't be impatient. — Sei nicht ungeduldig!)
Is he dead? – I **hope not.** — Ich hoffe nicht.
He **speaks not only** English, **but also** French. — nicht nur, sondern auch

Keine Umschreibung mit *do*
1. wenn ein *Hilfsverb* oder eine Form von *to be* im Satz ist (Ausn.: Verneinter Imperativ);
2. wenn nicht das Verb, sondern der *Inhalt der vorhergehenden Frage* oder ein anderes Wort *verneint* wird z. B. mit *not ... but.*

4 **Did** he **do** his homework? He **did not do** his homework.
Did you **have** your tea? We **did not have** much snow.
Has he (got) a car? He hasn't (got) a car. – (Does he have a car? He doesn't have a car.)

Als Vollverben werden *to do* und meist auch *to have* mit *do* umschrieben. Ausn. bei *to have* = *besitzen* Konstruktion ohne *do*; umgangssprachlich aber meist Zusatz von *got (to have got)*. (Im Am. Konstruktion mit *do.*)

5 Have you got the book? – **Yes, I have.** — Ja.
Are you at home? – **Yes, I am.** — Ja.
Did you see him? – **No, I didn't.** — Nein.

In kurzen Antworten mit *yes* und *no* wird das *Hilfsverb* des Fragesatzes wiederholt.

6 I like him. – **So do I.** — Ich auch.
I don't like him. – **Nor (neither) do I.** — Ich auch nicht.
I don't like him **either.**
Bob must go now, and **so must Pat.** — Pat auch.
Bob cannot drive, **nor (neither) can Pat.** — Pat auch nicht.
Pat cannot drive **either.**

Kurze Sätze für deutsch ... *auch (nicht)* werden mit *so (nor, neither, not ... either)* gebildet. Ein im Vordersatz vorhandenes *Hilfsverb* oder eine Form von *to be* werden im Kurzsatz wieder aufgenommen; andere Verben werden durch eine Form von *do* ersetzt.

7 Your parents are at home, **aren't** they? — nicht wahr?
Your parents are **not** at home, **are** they?
You saw him, **didn't** you?
You did **not** see him, **did** you?

Erwartet der Sprecher vom Hörer eine Bestätigung seiner Aussage *(nicht wahr?)*, so läßt er dieser Aussage eine Kurzfrage folgen, in der das Hilfsverb (oder eine Form von *to be*) wieder aufgenommen bzw. das Vollverb durch eine Form von *do* ersetzt wird. Die Verneinung *not* kommt nur einmal vor; nach einer *bejahenden Aussage* wird die *Kurzfrage mit not* (in der Form ... *n't*) verneint; nach einer *verneinten Aussage* wird die *Kurzfrage ohne not* gebraucht.

Unvollständige Hilfsverben **109**

8 I **can (shall be able to)** help you. — kann (werde können)

9 I **could have** helped him. — hätte ... können

10	**May** (can) we play here? – No, you **may not** (can't).	Dürfen wir . . . – Nein.
	Children **must not** play here.	dürfen nicht
	They asked if they **might** play.	fragten, ob sie dürften
	They were **not allowed to** play.	durften nicht

May not steht nur als Antwort auf eine Frage mit *may*, sonst heißt 'nicht dürfen' *must not*. *Might* bezeichnet die Erlaubnis (im Past Tense) *nur* in der *indirekten Rede;* sonst steht *to be allowed to,* etc. Umgangssprachlich wird statt *may* häufig *can* gebraucht.

11	It **may (might)** be true. **Can** it be true?	kann (kann nicht)
	It **can't** be true.	

Für *may (might)* als Bezeichnung der *Möglichkeit* steht in *fragenden* und *verneinten* Sätzen *can (cannot, can't).*

12	He **must** work. He has (got) to work.	muß
	He said he **must** work.	sagte, er müsse
	He **had (will have) to** work.	mußte (wird . . . müssen)
	I don't have to work on Sundays.	brauche nicht (vgl. Nr. 13 u. 20)

Must ist nur *Present Tense* (außer in indirekter Rede), sonst steht *to have to (to have got to).*

13	You **must** eat slowly.	mußt
	You **must not** (are **not allowed to)** eat so fast.	darfst nicht
	You **must (may)** help Mother.	mußt (darfst)
	You **need not** help Mother.	brauchst nicht
	You **must** be a fool.	mußt
	You **cannot** be such a fool.	kannst nicht

14	**Shall I** call a taxi? – You **shall** have the money.	Soll ich . . . Du sollst . . .
	I **am** (you are) **to be** home at 9 o'clock.	Ich soll . . . Du sollst . . .
	He **is said to be** ill.	Er soll krank sein.

Shall wird hauptsächlich nur noch in *Fragen nach dem Willen des Angeredeten* (oft als *Vorschlag*) gebraucht; seltener steht es noch zum Ausdruck eines *Versprechens* oder einer *Drohung.*

Zum Ausdruck einer *Verabredung* oder einer *Anweisung* (die meist von anderen als dem Sprecher getroffen bzw. gegeben wurde) steht *to be to.*

Zum Ausdruck einer *Annahme*, eines *Gerüchts* steht *to be said to.*

15	You **should (ought to)** help him.	solltest helfen
	You **should (ought to) have** helped him.	hättest helfen sollen
	He hurried home **so that** he **should (would) not** be late. / **in order not to be** late.	**um nicht** zu spät **zu** kommen

16	I **will (want to)** do it.	will
	He **would not (did not want to)** do it.	wollte nicht
	He said he **would** do it.	sagte, er wolle
	He **wanted to** kill him.	wollte

Für *wollen* verwende am besten *to want!* Zum Ausdruck des Willens steht *will* hauptsächlich, *would* n u r im *verneinten Satz* (betonte Weigerung), mit Ausnahme der indirekten Rede. (Vgl. auch S. 124 Nr. 29 *to be going to = wollen.*)

17	**I wish I were** in America!	Ich wollte, ich wäre . . .
18	He **pretends to be** ill.	Er will . . . (unwahre Behauptung)

19 He **dare not** come. — Er wagt nicht . . .
He **does (did) not dare (to)** come.
Dare he come? — Wagt er . . .
Does (did) he dare (to) come?

Dare kann in verneinten und fragenden Sätzen als *Hilfsverb* (vor allem im Present Tense; Past Tense *dared* meist nur literarisch) oder als *Vollverb* (mit folgendem Infinitiv mit oder ohne *to*) verwendet werden.

20 He **need not** come **(does not need to** come). — braucht nicht
He said he **need not** come. — sagte, er brauche nicht
He **did not need to** come. — brauchte nicht
(There was no need for him to come.)
He needs (does not need any) money. — Er braucht (kein) Geld.

Need kann in verneinten und fragenden Sätzen, aber nur im *Present Tense* als *Hilfsverb* gebraucht werden (im Past Tense nur in der indirekten Rede).

Im Past Tense (in Hauptsätzen) und immer, wenn ein Objekt folgt, steht das Vollverb *to need.*

Verlaufsform *(Continuous Form, Progressive Form)* 110

21 The postman **is coming.** — kommt (gerade)
The postman **comes** every morning. — kommt (jeden Morgen)
He **was standing** beside me. — stand (gerade)
The house **stands** by the road. — steht (immer)

Die Verlaufsform drückt aus, daß eine Handlung oder ein Zustand von nur *vorübergehender Dauer* zu einem *bestimmten Zeitpunkt gerade geschieht* oder *noch nicht abgeschlossen* ist. Vorgänge, die immer geschehen oder deren Dauer nicht abzusehen ist, stehen in der einfachen Form.

22 I **was washing** my car **when** it began to rain. — wusch (gerade), als . . .
While I **was washing** my car, she **was reading** a book. — Während ich (gerade) wusch, las sie . . .

Die Verlaufsform steht auch, wenn eine Handlung noch andauert, während eine andere eintritt, und wenn zwei Handlungen gleichzeitig verlaufen.

23 He **knocked** at the door, **came in** and **sat down.** — klopfte an, kam herein und setzte sich
The teacher **entered** the classroom. — betrat (keine Dauer)
I **know;** it **belongs** to me. — Ich weiß; es gehört (Dauer inbegriffen)

Bei der Darstellung *aufeinanderfolgender Vorgänge*, sowie bei Vorgängen, die *nur einen Augenblick dauern* (z. B. *to enter*), und zahlreichen Verben, deren Bedeutung schon eine *Dauer in sich schließt (to know, to belong, to own, to believe, to remember, to seem, to like, to want* etc.*)*, und bei *to hear, to see, to smell, to taste* (als Sinneswahrnehmung) steht die Verlaufsform *nicht.*

24 The bridge **is (was) being built.** — wird (wurde) gerade gebaut

Die Verlaufsform kann im *Aktiv* und auch im *Passiv in allen Zeiten* gebildet werden.

25 The child **is always crying.** — schreit aber auch immer
She **was constantly talking** about her illnesses. — redete aber auch ständig

Mit *always, constantly* etc. steht die Verlaufsform auch bei wiederholten Handlungen zum Ausdruck eines Vorwurfs.

III

Zeiten

26 He **has** never **been** ill in his life. — war noch nie im Leben . . .
Last year he **was** seriously ill. — Letztes Jahr war er . . .
I **have lost** my watch. (I don't say *when;* I'm only interested in the present state or result.) — verloren (und noch nicht wiedergefunden)
Yesterday I **lost** my watch. *(When?* – In the past.) — Gestern habe ich verloren

Das *Present Perfect* steht, wenn ein Vorgang, der *in der Vergangenheit begonnen* hat, *bis in die Gegenwart andauert* (oder dessen Folge/Ergebnis für die Gegenwart noch gilt); besonders bei Zeitangaben wie *up to now, (not) yet, in my life, these days, (n)ever, just,* etc.

Das *Past Tense* steht, wenn ein Vorgang *in der Vergangenheit abgeschlossen* ist; immer bei Zeitbestimmungen (wann?) wie *last night (month, year), long ago, in 1960, at that time,* etc.

Beachte: Der deutsche Ausdruck *(war – bin gewesen)* gibt keinen Anhaltspunkt für den Zeitgebrauch im Englischen.

27 How long **have** you **been waiting?** — **wartest** du **schon**
I have been waiting **for three hours,** — (seit) drei Std. (Zeitraum)
since three o'clock. — seit drei Uhr (Zeitpunkt)
I **have been married** since 1953. — **bin** verheiratet
I **had been waiting** for three hours when he came. — **wartete schon** . . ., als . . .

Bei *how long, for* und *since* (deutsch: *schon + Gegenwart)* steht das *Present Perfect,* wenn die Zeit bis an die Gegenwart heranreicht, und zwar gewöhnlich in der Verlaufsform, falls die Tätigkeit in der Gegenwart weiter andauert. (Vgl. auch § 90.)

(Für deutsch *schon + Vergangenheit* steht im Englischen *Past Perfect.*)

28 I thanked him for all **he had done** for me. — was er getan hatte
The ship **had been** on fire for hours before help came. — brannte schon . . .

Das *Past Perfect* bezeichnet einen Vorgang, der *vor einem Zeitpunkt der Vergangenheit abgeschlossen* war oder *bis an diesen heranreicht.* Es steht immer im Zusammenhang mit einem Satz im Past Tense.

29 **We will (we shall, we'll)** meet him at the station. — wir **treffen** ihn . . .
They (will) leave for London next week. — reisen nächste Woche
I think (expect, suppose, hope) he **will come** soon. — denke, daß er kommt
I'll wait **till he comes.** — bis er kommt
They **are leaving** in a few days. — reisen in einigen Tagen ab
I am **going to** buy a new car soon. — werde bald kaufen
It's **going to** rain. — Es wird wohl bald regnen.

Im Englischen muß (im Ggs. zum Deutschen) *ein zukünftiger Vorgang* durch das *Futur* ausgedrückt werden. (*Present Tense* ist nur möglich, wenn eine Zeitbestimmung die Zukunft deutlich macht.)

Bei Bezug auf die Zukunft steht das Futur auch nach *to think, to expect, to suppose, to hope, to promise, to be sure* etc.

Aber in konditionalen und temporalen Nebensätzen steht *nach Konjunktionen (if, unless; till, until, after, before, when, as soon as)* statt des Futur wie im Deutschen *das einfache Präsens.*

Außer durch *shall/will* wird das Futur (besonders die nahe Zukunft) auch durch die *Verlaufsform des Präsens* ausgedrückt (häufig nach Verben der Bewegung).

In der Umgangssprache steht sehr häufig *to be going to + Inf.,* meist zum Ausdruck einer *Absicht* (etwas in naher Zukunft zu tun) oder einer *Gewißheit* des Sprechenden.

30 He said (that) he **was** ill.	sagte, er **sei**
He asked if (whether) I **had** seen her.	fragte, ob ich gesehen **habe** (hätte)
He replied (that) he **would** find it.	antwortete, er **werde**
He asked if (whether) he **should** come.	fragte, ob er **solle**

Zeitenfolge: Steht in der *indirekten Rede* der *Hauptsatz in der Vergangenheit*, so steht auch der *Nebensatz in einer Zeit der Vergangenheit* (Past oder Past Perfect, oder auch Future in the Past).

Merke: In der indirekten Rede steht im Englischen der Indikativ.

Bedingungssätze 112

31 a) If it **rains,** I **will** (I shall, I'll) stay at home.	**regnet, bleibe** ich
I can (must) stay at home.	
(If it **should rain,** ring me up.	regnen **sollte,** rufe mich an.)
b) If it **rained,** I **would** (I should, I'd) stay at home.	**regnete, bliebe** ich
I could (might) stay at home.	
(If it **were** true, I would stay at home.	wahr **wäre,** bliebe ich)
c) If it **had rained,** I **would have stayed** at home.	**geregnet hätte, wäre** ich **geblieben**
(I could/might . . .)	

Ist die *Verwirklichung der Bedingung*	so steht im *Bedingungssatz:*	und im *Hauptsatz:*
a) offen	*meist* Present	*meist* Future
(nur unter Umständen möglich	should + Infinitive	*oft* Imperative)
b) unwahrscheinlich	Past Tense	Conditional
	Beachte: I, he, she it *were*	
c) nicht mehr möglich	Past Perfect	Conditional Perfect

Beachte: Im *if*-Satz steht kein *will/would* (außer wenn es *wollen* bedeutet).

Infinitiv 113

32 You **had better go** now. (You'd. . .)	Du tätest besser daran **zu** gehen.
I **would rather go** by bus than walk. (I'd. . .)	Ich möchte lieber. . . fahren. . .

33 He did not know **what to do.**	was er tun sollte
They told her **where to begin.**	wo sie beginnen mußte
They learned **how to sew.**	wie man näht

Der Infinitiv (mit *to*) steht satzverkürzend an Stelle von deutschen *indirekten Fragesätzen* zum Ausdruck des Sollens, Müssens oder Könnens.

34 He had no pencil **to write with.**	mit dem er schreiben konnte
It was the fastest boat **to take part in** the race.	das an dem R. teilnahm
He was **the first to come.**	der erste, der kam

Der Infinitiv (mit *to*) steht satzverkürzend an Stelle von deutschen *Relativsätzen* nach Substantiven (die Präposition wird nachgestellt), Superlativen oder Zahlwörtern *(the first, the last, the only thing*, etc.).

35 Will you be **so** kind **as to** help me?	so freundl., mir zu helfen
He is not **such** a fool **as to** believe that.	solch ein N., daß er glaubt

Nach *so* und *such* steht der Infinitiv mit *as to.*

36 He was nowhere **to be found.** — nirgends zu **finden**
There was no time **to lose** (to be lost). — zu verlieren
The book is **easy to read.** — leicht zu lesen
Nobody is **to blame.** Rooms **to let.** — zu tadeln; zu vermieten

Bei *passivem Sinn* steht der *passive Infinitiv.*
Aber: *Aktiver* Infinitiv steht trotz passiven Sinns
nach *there is (was)*,
bei Adjektiven (besonders: *hard, easy, difficult)* und
bei *to let* (vermieten) und *to blame* (tadeln).

114 Direktes Objekt + Infinitiv

37 I **saw** the man **enter** the house. — daß (wie) der M. betrat
I **made** him **leave** the house. — ließ ihn das Haus verlassen
I **will have** you **know** that. — will (haben), daß du weißt

Direktes Objekt + Infinitiv steht *ohne to* bei
1. to see, hear, feel, watch, notice (Verben der sinnlichen Wahrnehmung; vgl. § 116, Nr. 55)
2. to make (veranlassen), *to let* (zulassen), *to have* (*will/would have:* haben wollen).
Im *Passiv* steht aber *Infinitiv + to*
(He was seen **to** enter the house. He was made **to** leave the house.)

38 The officer **ordered** his men **to** build a bridge. — ließ seine M. . . . bauen
The officer **ordered** a bridge **to be** built. — ließ . . bauen
England **expects** every man **to** do his duty. — erwartet, daß jeder tut
The teacher **allowed** him **to** go home. — erlaubte ihm zu gehen
I don't **like** him **to** come so often. — liebe nicht, daß er kommt
He **wanted** his wife **to** come. — wollte, daß s. Fr. kommt

Direktes Objekt + Infinitiv steht *mit to* bei den Verben des
1. Veranlassens, Befehlens, Bittens: *to advise, ask, cause, command, expect, force, order, persuade, tell* (befehlen), *urge* (zwingen), *warn* (verneinter Inf.);
2. Zulassens: *to allow, permit, forbid;*
3. Wünschens: *to desire, hate, like, love, mean* (beabsichtigen), *prefer, want, wish.*

Merke: Nach *to want* steht nie *that.* Nach anderen Verben ist auch ein Nebensatz mit *that* möglich.

39 Do you suppose him (to be) a wise man? — Hältst du ihn für . . .
that he is a wise man? — Glaubst du, daß . . .
We thought him to have been wrong. — glaubten, daß er gehabt hätte
that he had been wrong.
We thought that he had lost the key. — glaubten, daß er verl. habe

Bei den Verben des Sagens, Glaubens und Denkens *(to believe, consider, declare, deny, find, guess, know, prove, suppose, think, understand)* steht Obj. + Inf. *(mit to)* i. allg. nur, wenn der Inf. *to be* (kann fehlen) oder *to have been* ist, sonst steht ein Nebensatz mit *that.* Im Umgangsenglisch steht in allen Fällen ein Nebensatz mit *that.*

40 She said (that) he was busy. I hope (that) he will write soon.

Nach *to say, tell* (sagen), *answer, reply, hope* steht *nie Obj. + Inf.,* sondern immer ein Nebensatz mit (oder ohne) *that.*

41 He declared **him** to be guilty. — ihn
He declared **himself** to be guilty. — sich

Sind Subjekt und Objekt dieselbe Person, so steht nicht das Personal-, sondern das Reflexivpronomen.

42 It is time **for you to go.** — Zeit, daß du gehst
The suitcase is too heavy **for her to carry.** — zu schwer, als daß sie tragen könnte
We waited **for the postman to come.** — warteten, daß der B. kam

Die sogen. *for*-Konstruktion *(for* + Subst. oder Pronomen + Inf. mit *to)* steht häufig nach mit *it is* verbundenen Adjektiven und Substantiven, nach *too* und *enough* + Adjektiv und nach mit *for* verbundenen Verben.

Gerundium

115

43 He entered the room without **seeing** me — ohne mich zu sehen
being seen, — gesehen zu werden
and left it without **having seen** me — ohne mich gesehen zu haben
having been seen. — gesehen worden zu sein

Das Gerundium kann wie ein Verb *Aktiv und Passiv* bilden. Es hat außerdem verschiedene *Formen zum Ausdruck des Zeitverhältnisses* (Gleichzeitigkeit - einfache Form, Vorzeitigkeit - Form mit *to have)*.

44 **There is no learning** a language in a short time. — Es läßt sich nicht . . .
It is no good/no use trying to persuade him. — Es hat keinen Zweck . . .
It is worth while visiting Oxford. — Es lohnt sich . . .

Das Gerundium steht als *logisches Subjekt* nach: *there is no, it is no good, it is no use, it is worth while.*

45 The book is **worth reading.** — wert, gelesen **zu werden**
He is **busy repairing** his car. — beschäftigt zu reparieren
She was **near being run over.** — nahe daran, überfahren zu werden
Looking down from a high mountain is **like flying** above the earth. — als ob man fliegt
I **did not feel like writing** letters. — hatte keine Lust zu schreiben

Das Gerundium steht als prädikative Ergänzung (nach *to be*) bei *worth* (im Ggs. zum Deutschen steht aktives Gerundium), *busy*, *near*, *like.*

46 **Stop talking, go on writing!** — Hört auf zu reden, schreibt weiter!
He **did not mind being** left alone. — Es macht ihm nichts aus, . . .
Have you **finished writing?** — Bist du mit Schreiben fertig?
I **could not help laughing.** — konnte nicht umhin zu lachen
I could not avoid laughing.

Das Gerundium als Objekt *muß* stehen nach: *to admit* (that), *avoid*, *burst out*, *deny* (that), *delay* (verzögern), *enjoy*, *escape*, *excuse*, *finish (to have finished, to have done)*, *give up*, *go on*, *keep on*, *leave off*, *mind* (fragend und verneint), *miss* (verpassen), *practise* (üben), *put off* (aufschieben), *risk*, *stop*, *suggest* (that), *I cannot help.*

Bei einigen Verben kann auch ein Nebensatz (mit 'that') folgen, jedoch kein Infinitiv.

47 The child **began crying (to cry).** — begann zu weinen
I **like swimming.** — schwimme gern (allg.)
I don't **like to swim** in that dirty river. — mag in dem Fl. nicht schwimmen (besonderer Fall)

Gerundium oder Infinitiv steht bei *gleicher Bedeutung* nach: *to attempt; begin, start, continue, cease* (aufhören mit); *intend, propose; neglect* (versäumen); *endure.*
Bei Verben, die eine Vorliebe (oder Gegenteil) für etwas ausdrücken *(to like, love, prefer, hate, fear)* steht
das *Gerundium* meist bei *allgemein gültigen Feststellungen,*
der *Infinitiv* bei besonderen *Einzelfällen,* vor allem wenn das Verb mit *should, would* verbunden ist (I should like to swim now).

48 He **stopped eating.** — **hörte auf** zu essen
He **stopped** (driving in order) **to eat.** — **hielt an, um** zu essen
I **remember having seen** (seeing) her on the stage. — **erinnere mich** (Vergangenh.)
I must **remember to give** him the money. — muß **daran denken** (Zukunft)
I don't **regret having spent** (spending) my holiday in Scotland. — **bereue** nicht (in Vergangenh.)
I **regret to say** that you are wrong. — **bedaure,** s. zu müssen (in Gegenw.)

Einige Verben haben je nach Gebrauch mit *Infinitiv* oder mit *Gerundium verschiedene Bedeutung.*

49 The fence **needs** (wants) **painting** (needs to be painted). — muß gestrichen **werden**

Nach *need* (auch pass. Inf.) und *want* steht *aktives Gerundium* trotz passiven Sinns.

50 He was **accused of stealing.** — angeklagt, gestohlen zu haben
He **is used (got used) to going** to school by bus. — ist es gewohnt zu fahren
(Years ago he used to walk.) — (pflegte, zu Fuß zu gehen, früher)
We are **looking forward to going** on holiday. — freuen uns, Ferien zu machen
I was **surprised at seeing** him. — überrascht, ihn zu sehen
He was **proud of having got** a prize. — stolz, e. P. bekommen zu haben
I am **far from being** angry. — weit davon entfernt, ärgerlich zu sein

Das Gerundium *muß* stehen *nach allen Präpositionen,* die eng mit einem Verb, Adjektiv oder Substantiv verbunden sind. In einigen Fällen ist statt Präp. + Ger. auch to + Inf. möglich: *surprised to see, proud to have got.*

51 Shut the windows **before leaving** the house. — bevor du das H. verläßt
He was punished **for having robbed** a bank. — weil er . . . beraubt hatte

Präposition + Gerundium steht satzverkürzend an Stelle eines deutschen *adverbialen Nebensatzes. Träger* der durch das Gerundium ausgedrückten Handlung ist das *Subjekt* des Satzes. Beachte folgendes Beispiel:

The children were allowed to play in the garden;
(nachdem *sie* dort eine Stunde gespielt hatten, rief *ihre Mutter* sie.)
after *playing* there for an hour *they* were called in by their mother;
after *they had played* there for an hour, *their mother* called them in;
aber nicht: after *playing* there . . . *their mother* . . .
(in diesem Falle hätte nämlich *die Mutter* dort gespielt).

52 I rely on **my brother's (his)** / **my brother (him)** / **the train (its,** it) arriving on time. — Ich verlasse mich darauf, daß mein Bruder (er, der Zug) rechtzeitig ankommt.

Wenn der Träger der Gerundialhandlung *nicht* mit dem Subjekt des Satzes identisch ist, muß das *Gerundium ein eigenes Subjekt* bekommen, entweder *s-Genitiv* (nur bei Personen) bzw. *Possessivpronomen* oder (umgangssprachlich) *direktes Objekt* bzw. *Personalpronomen.*

Partizip 116

53 Seeing, being seen, having seen, having been seen

Die *Formen* des Partizips sind die gleichen wie beim Gerundium (§ 115).

54 He **remained sitting** (seated). — blieb **sitzen.**

The dog **came running** out of the house. — kam **gelaufen**

Nach den *Verben der Ruhe und Bewegung* steht das Partizip (meist Present Participle) als Ergänzung zum Subjekt.

55 The neighbour **saw** the burglar **leaving** / **leave** the house. — **wie** er verließ / **daß** er verließ

Nach den Verben der *sinnlichen Wahrnehmung* (vgl. Infinitiv, § 114) steht das *Partizip* (als Ergänzung zu Objekt), wenn der *Verlauf der Handlung* näher beschrieben werden soll, aber der *Infinitiv,* wenn die *Handlung* lediglich als *geschehen,* als *bloße Tatsache* berichtet wird.

56 The house **standing** by the roadside is my father's. — Das Haus, das . . .

The President, **accompanied** by some ministers, visited the exhibition. — Der Präsident, der . . .

Das Partizip steht satzverkürzend an Stelle eines deutschen *Relativsatzes.*

57 **Looking** out of the window, he saw a man approaching. — **Als** er . . . blickte, sah er

Having lost the key, he could not open the door. — **Da** er . . . verloren hatte, . . .

Though seeing me, he did not stop reading. — **Obgleich** er . . . sah, . . .

Das Partizip steht an Stelle eines deutschen *adverbialen Nebensatzes.* (Zur Verdeutlichung des Sinnes dienen *Konjunktionen,* z. B. *though; if, unless; as if; when, while, until.*) Träger der Partizipialhandlung ist das Subjekt des Hauptsatzes (daher auch die Bezeichnung *verbundenes Partizip).* Beachte folgendes Beispiel:

Als *sie* am Bahnhof ankam, war *der Zug* weg.

entweder: When *she* arrived at the station, *the train* was gone;

oder: *Arriving* at the station, *she saw* that the train was gone.

Aber nicht: *Arriving* at the station, *the train* was gone. (Vgl. Gerundium, Nr. 51).

58 **Being hurt, she** began to cry. — Da **sie** verletzt war, begann **sie** . . .

Her dog being hurt, she began to cry. / As her dog was hurt, . . . — Da **ihr Hund** verletzt war, begann **sie** zu weinen.

Wenn der Träger der Partizipialhandlung nicht mit dem Subjekt des Hauptsatzes identisch ist, kann dem *Partizip* ein *eigenes Subjekt* hinzugefügt werden. Dieses *unverbundene Partizip* kommt fast nur in der gehobenen Schriftsprache vor.

59 Generally (roughly) **speaking**	allgemein **gesagt**
properly (strictly) **speaking**	genau **genommen**

117 'lassen'

60 **1. Zulassen** (Aktiv: daß eine Person etwas tut;
Passiv: daß eine Person oder Sache etwas erleidet).

The guard **let** the visitors **enter.**	*to let:* Obj. + Inf. *ohne to,*
The guard **allowed** the visitors **to enter.**	*to allow, permit, suffer:*
The teacher **allowed** the books **to be thrown** into the fire.	Obj. + Inf. *mit to*

Besonderheiten beim Gebrauch von *to have* = zulassen:

I **won't have** you **wait** for me.	Obj. + Inf. *ohne to*
I **can't have** you **doing** that.	Obj. + Part. Präs. (Aktiv)
I **won't have** the books **thrown** into the fire.	Obj. + Part. Perf. (Passiv)

61 **2. Veranlassen** (Aktiv: daß eine Person etwas tut;
Passiv: daß eine Person oder Sache etwas erleidet).

a) Aktiv: Die ausführende Person wird genannt

The teacher **made** the boys **repeat** the task.	*to make, have:*
(The boys were made to repeat the task.)	Obj. + Inf. *ohne to*
I'll **have** the tailor **make** a coat for me.	(aber im Passiv mit *to*)
The officer **ordered** the soldiers **to build** a bridge.	*to order, cause, command, force, urge, tell:*
Father **told** me **to help** Mother.	Obj. + Inf. *mit to*
The rain **caused** the drivers **to slow down.**	
We must not **keep** him **waiting.**	*to keep, leave, send:*
They **left** me **waiting** in the train.	Obj. + Part. Präs.
She **sent** the children **shopping.**	

b) Passiv: Die ausführende Person wird nicht genannt oder mit 'by' angeschlossen

I **have** my car **washed** (lasse waschen).	*to have, get:*
(I have washed my car = habe selbst gewaschen)	Obj. + Part. Perf. (Passiv)
I **get** a pair of shoes **made** by a shoemaker in Bond Street.	
When did you **have** (or: **get**) your hair **cut**?	
The officer **ordered** the bridge **to be built** by the soldiers.	*to order, cause* etc.
The teacher **caused** the books **to be returned** at once.	Obj. + pass. Inf. *mit to*

62 **3. Zurücklassen,** übrig lassen, im alten Zustand lassen

I **left** my umbrella in the train.	*to leave*
Their father **left** them a lot of money.	
Leave the door open, **leave** the lamp burning.	

Merke einige *andere Wendungen* zum Ausdruck von *lassen*:

The wine is drinkable.	läßt sich trinken
Send for the doctor!	Lasse den Arzt holen!
There is no denying ...	Es läßt sich nicht leugnen.
to lose one's life	sein Leben lassen
I have been told.	Ich habe es mir sagen lassen.
to drop something	etwas fallen lassen
to grow a beard	sich einen Bart wachsen lassen

Das Verb und seine Ergänzungen 118

63 The soldiers **approached** the town.	näherten sich der Stadt
Children must **obey** their parents.	ihren Eltern gehorchen
We **joined** a group of students.	schlossen uns einer Gruppe an
William **invaded** England in 1066.	drang in England ein

Einer Reihe von Verben, die im *Deutschen den Dativ oder ein präpositionales Objekt* nach sich ziehen *(intransitiv)*, entsprechen im *Englischen* Verben *mit direktem Objekt (transitiv)*.

64 It **seems to** me that he is right.	scheint mir
The car **belongs to** my father.	gehört meinem Vater
Can I **speak to** Mr Lee?	Mr Lee sprechen

Einige Verben haben stets eine *präpositionale Ergänzung mit to* nach sich: *to seem to*, *belong to*, *speak to*, *agree to*, *happen to*, *listen to*, *object to*, *refer to*, etc.

65 He gave the teacher the book.	dem Lehrer das Buch
He gave the book **to** the teacher.	das Buch dem Lehrer

Einige Verben, die ein *Übermitteln oder Gewähren* ausdrücken *(to give, bring, offer, promise, send, show, tell)* können *zwei Objekte* haben. Die gewöhnliche Stellung ist: *Indirektes Objekt - direktes Objekt.* Bei *besonderer Betonung* des *indirekten Objekts* tritt dieses *mit to hinter das direkte Objekt.* (Bei *it* und *them* ist nur diese Stellung möglich; *to* fällt dabei meist weg: Give it (to) the teacher. Give them (to) me.)

66 The teacher **explained** the words **to** the boys.	die Wörter den Jungen
The teacher **explained to** the boys the words they had to learn.	den Jungen die Wörter

Einige Verben besonders des *Sagens oder Mitteilens* (z. B. *to declare, describe, dictate, explain, say something to someone)*, die zwei Objekte haben können, schließen das *indirekte Objekt*, ganz gleich in welcher Stellung, *immer mit to* an.

67 He **made** her his wife.	**zu** seiner Frau
In 1860 Lincoln was **elected** President.	**zum** Präs. gewählt
I **consider** him **(regard** him **as)** my best friend.	betrachte ihn als

Bei den Verben des *Erwählens und Dafürhaltens* wird nach dem direkten Objekt noch ein *zweites Objekt* als prädikative Ergänzung (sogen. doppelter Akkusativ; im Passiv doppelter Nominativ) angeschlossen und zwar *ohne Präposition (to)* bei: *to appoint, create, declare, elect, choose, crown, make*, etc.
mit *as* bei: *to regard as, look upon as, recognize as, acknowledge as.*

68 He **introduced himself** to the lady. — stellte sich vor
We **amused ourselves** at the ball. — haben uns gut unterhalten

Nur wenige Verben werden immer mit einem *Reflexivpronomen* verbunden. Die gebräuchlichsten sind: *to introduce o. s.*, *to amuse o. s.*, *to enjoy o. s.* (sich gut unterhalten), *to distinguish o. s.*, *to defend o. s.*, *to hurt o. s.*

69 He **dressed** in a hurry, she **dressed herself** carefully.
The mouse **hid (herself)** behind the wardrobe.

Einige Verben können *mit* (bei besonderem Nachdruck) *oder ohne Reflexivpronomen* gebraucht werden, z. B. *to behave*, *dress*, *wash*, *hide*, *prepare*, *prove.*

70 He **approached** and **bowed** to the queen. — näherte **sich,** verbeugte **sich**
He **rose** and **sat down** again. — erhob **sich,** setzte **sich.**

Zahlreiche im Deutschen reflexive Verben sind *im Englischen nicht reflexiv.*

6. Konjunktionen

119

1 John, **too,** goes home. John **also** . . . . — auch
John goes home, **too.** John goes home **as well.** — auch
John does **not** go home **either.** — auch nicht
If John does not go, **neither** shall I. — auch nicht
John cannot go, **nor** can I. — auch nicht

(Für die Inversion nach *nor*, *neither* vgl. § 120)
(Für *auch* in kurzen Sätzen vgl. § 108, Hilfsverben)

2 **When** he comes, I'll tell him. — wenn = zu der Zeit, sobald (Zeitsatz)
If he comes, I'll tell him. — wenn = falls (Bedingungssatz)

3 He fell ill **during** the holidays. — während
He fell ill **while** we were on holiday.
He had to work **whereas** (while) we were on holiday.

during = *Präposition*, steht vor einem Substantiv;
while = *Konjunktion*, leitet einen Nebensatz (der Zeit) ein;
whereas = *Konjunktion*, leitet einen Nebensatz (des Gegensatzes) ein.

4 He could not come **because** he was ill. — weil er krank war
Since he was ill, he could not come. — Da er ja krank war, . . .
As he was ill, he could not come. — Weil (da) er krank war, . . .
(He could not come; **for** he was ill. — denn er war . . .)

Adverbialsätze des Grundes werden eingeleitet mit
because, wenn der Hauptsatz vorangeht (der Grund ist dem Hörer unbekannt)
since, } wenn der Hauptsatz folgt (der Grund ist dem Hörer bekannt)
as, } wenn der Hauptsatz folgt (der Grund wird nur beiläufig erwähnt)

Beachte: *For* = *denn* leitet einen *Hauptsatz* ein; es steht nie am Anfang eines Satzgefüges; *(also nicht:* For he was ill, he . . .)

5 **(As)** sweet **as** honey, **not so (as)** sweet **as** honey — Süß wie, nicht so süß wie
He came **as** quickly (soon) **as** possible. — so schnell wie

Nach *Adjektiven* und *Adverbien*, besonders in den Verbindungen *as (not so, not as) . . . as* und nach *the same* steht für dt. *wie* im Engl. *as.*

6 A **man like him** — ein Mann wie er
I'll have these players play **something like** the murder of my father. — etwas wie
He **behaves like** a madman. — benimmt sich wie ein Verrückter

Nach *Substantiven*, *Pronomen* und *Verben* steht für dt. *wie* im Engl. *like;* das folgende Substantiv oder Pronomen steht im Akkusativ, z. B. *like him.*

7 He did it **like** his father, — wie sein Vater
as his father **had done** it. — wie sein V. es getan hatte

Ein *Vergleichssatz* wird ohne Rücksicht auf das Vorhergehende immer mit *as* angeschlossen.

8 He came **as** a stranger into our house. — **als** Fremder (er war einer)
He came **like** a stranger into his own house. — **wie** ein Fremder

9 Many industrial towns, **such as** Manchester and Birmingham, grew in the 19th century.

Bei Aufzählungen wird *wie z. B.* durch *such as* wiedergegeben.

7. Wortstellung

120

1 **The poor boy found** a penny.
Early in the morning **the poor boy found** a penny.

Die regelmäßige Wortstellung bleibt auch erhalten, wenn eine adverbiale Bestimmung (oder ein Nebensatz) vorangeht: *Subjekt - Prädikat - Objekt.*

2 Never **did** the poor boy **find** a penny.
Never **had** the poor boy **found** a penny.
Hardly had the poor boy found a penny, when he found another.

Inversion (Umstellung von Subjekt und Prädikat) tritt ein, wenn ein *verneinendes oder einschränkendes Adverb* (z. B. *never*, *in vain*, *seldom*, *rarely*, *nowhere*, *little*, *few*, *hardly . . . when*, *no sooner . . . than*) am Satzanfang steht.

Beachte: Der Satz wird dann *wie ein Fragesatz* behandelt, d. h. in einfachen Zeiten keine bloße Umstellung, sondern *Umschreibung mit do.*

(Für die Inversion in kurzen Sätzen nach *so*, *nor* etc. vgl. § 108)

3 Great **was the joy** of the poor boy when he found a penny.
There on the pavement **lay a penny.** Then came the poor boy.
Here **is a penny.** Once **there** was a poor boy.

Die Inversion steht auch *nach betonten Adjektiven und Adverbien (here*, *there*, *first*, *then)* am Satzanfang (aber nicht, wenn das Subjekt ein Personalpronomen ist: then he came, here it is). Nach einem *Adverb der Zeit* muß, wenn das Verb *to be* ist, *there* als *Vorsubjekt* stehen.

4 "I have found a penny", the boy said (to his mother).
said the boy (to his mother).
he said.
the boy told his mother.

Im *Zwischen- oder Nachsatz der direkten Rede* kann Inversion eintreten; (aber nicht, wenn das Subjekt ein Pronomen ist oder wenn ein direktes Objekt folgt.)

5 The poor boy found a pound note. Such a lot of money **he had** never found.

Wenn bei Anknüpfung an Vorhergehendes das *Objekt zur besonderen Betonung* an den *Satzanfang* tritt, bleibt die regelmäßige Wortstellung erhalten (Objekt - Subjekt - Prädikat).

6 **It was** a poor boy **who (that)** found a penny.
It was a penny **that (which)** lay there.
It was his parents **whom** he gave the penny.
It was early in the morning (on the pavement) **that** he found the penny.

Zur besonderen Hervorhebung
des Subjekts dient *it is (was) . . . who (that)* bei *Personen*
that (which) bei *Sachen*,
des Objekts *it is (was) . . . whom* bei *Personen*
that (which) bei *Sachen*,
anderer Satzteile *it is (was) . . . that*

Beachte: Auch bei Bezug auf ein Subjekt im *Plural* steht immer nur *it is*, *it was* (z. B. it was his parents . . .)

WÖRTERVERZEICHNIS

Die **Zahlen** geben die **Seiten**, nicht die Paragraphen an.

Schräge Zahlen beziehen sich auf *Aussprache und Schreibung* (einschließlich Homophones), *gerade* Zahlen auf den Gebrauch der Wörter in *Wortwahl und Grammatik;* *fettgedruckte* bezeichnen besonders *wichtige Stellen.*

Zusammenziehungen (§ 68), Abkürzungen (§ 72) und Wörter, die nur als Beispiele zur Erläuterung einer Regel dienen, sind i. allg. nicht in das folgende Wörterverzeichnis aufgenommen. Verbformen erscheinen unter dem Infinitiv.

A

C

G

H

Q

R

S

T

U

V

W

NOTES

NOTES

NOTES

987654